J.D. PONCE SOBRE KRISHNA-DWAIPAYANA

UN ANÁLISIS ACADÉMICO DEL
BHAGAVAD GITA

© 2024 por J.D. Ponce

ÍNDICE

CONSIDERACIONES PRELIMINARES --5

Capítulo I: SIMBOLISMO DE LOS PERSONAJES DEL GITA-----------------6

Capítulo II: TEMAS, CONTEXTO E IMPACTO – VYASA Y EL GITA--------24

Capítulo III: LA VISIÓN DE VYASA SOBRE LA NATURALEZA DEL YO --35

Capítulo IV: ACCIÓN E INACCIÓN--43

Capítulo V: LA LEY DE CAUSA Y EFECTO -----------------------------------50

Capítulo VI: LA DEVOCIÓN COMO CAMINO HACIA LO DIVINO ----------60

Capítulo VII: DESAPEGO Y CRECIMIENTO ESPIRITUAL-------------------67

Capítulo VIII: LA DISCIPLINA DE LA MENTE Y DEL CUERPO--------------73

Capítulo IX: LA NATURALEZA DE LO DIVINO---------------------------------83

Capítulo X: AUTOCONTROL ---89

Capítulo XI: EL SUFRIMIENTO ---93

Capítulo XII: LA IMPORTANCIA DEL SERVICIO-------------------------------101

Capítulo XIII: NATURALEZA DE LA LIBERACIÓN----------------------------107

Capítulo XIV: DEBER Y RECTITUD ---117

Capítulo XV: REALIDAD Y PERCEPCIÓN --------------------------------------122

Capítulo XVI: LA BÚSQUEDA DEL CONOCIMIENTO ----------------------128

Capítulo XVII: EL PAPEL DEL GURÚ ---135

Capítulo XVIII: LA RENUNCIA---139

Capítulo XIX: LA TRASCENDENCIA DE LA FE -------------------------------147

Capítulo XX: LA GRACIA DIVINA ---153

Capítulo XXI: LA NO VIOLENCIA COMO PRINCIPIO -----------------------159

Capítulo XXII: ILUMINACIÓN Y CONCIENCIA--------------------------------166

Capítulo XXIII: MEDITACIÓN---172

Capítulo XXIV: AUTOCONOCIMIENTO Y SABIDURÍA INTERIOR--------177

Capítulo XXV: LA DEVOCIÓN EN ACCIÓN------------------------------------188

Capítulo XXVI: LA PRESENCIA DE DIOS --------------------------------------196

Capítulo XXVII: LA MENTE---204

Capítulo XXVIII: EL SERVICIO A LO DIVINO ----------------------------------213

Capítulo XXIX: 50 CITAS CLAVE DE VYASA ----------------------------------223

CONSIDERACIONES PRELIMINARES

El Bhagavad Gita, a menudo llamado el Gita, es una escritura hindú dentro de la epopeya india Mahabharata, específicamente en el Bhishma Parva. El texto, atribuido a 'Veda Vyasa' (el que clasificó los Vedas), se presenta como una conversación entre el príncipe Arjuna y el auriga divino, el Señor Krishna, quien sirve como su auriga. Esta estructura permite un intercambio dinámico de conceptos filosóficos y éticos, lo que lo convierte en una lectura fascinante. El escenario central del Bhagavad Gita tiene lugar en el campo de batalla de Kurukshetra, donde Arjuna se enfrenta a un dilema moral sobre su deber de participar en la guerra contra sus propios parientes y maestros reverenciados. Como tal, el contexto geográfico y situacional juega un papel crucial en la comprensión del contexto de las enseñanzas expuestas por el Señor Krishna.

El texto está dividido en 18 capítulos, cada uno de los cuales aborda diferentes aspectos de la vida, el deber, la rectitud y la naturaleza de la existencia, lo que proporciona una visión integral de las complejidades de la existencia humana. La progresión de los capítulos refleja las etapas de desarrollo de la agitación interior de Arjuna y su evolución filosófica, que finalmente culminaron en la revelación de la verdad suprema por parte del Señor Krishna. Además, los diversos estilos de expresión literaria del Bhagavad Gita contribuyen a su riqueza estructural, integrando a la perfección la narrativa, el diálogo y la poesía sublime. Su estructura permite una exploración multidimensional de los dilemas éticos, la contemplación espiritual y la búsqueda última de la iluminación. A través de esta organización cohesiva, el texto presenta un marco holístico para que las personas contemplen las innumerables complejidades de la vida y busquen una resolución en medio de los desafíos morales y existenciales.

Capítulo I
SIMBOLISMO DE LOS PERSONAJES DEL GITA

Los personajes del Bhagavad Gita forman en conjunto un caleidoscopio de ideas éticas, filosóficas y teológicas que reflejan la búsqueda perenne de sentido, rectitud y trascendencia. Sus interacciones sirven como un depósito de sabiduría que nos invita a contemplar las implicaciones de nuestras decisiones y acciones.

El Bhagavad Gita ofrece una exploración matizada de los principios morales y éticos, profundizando en la naturaleza del deber, la virtud y el equilibrio cósmico. Esta síntesis de las percepciones de los personajes proporciona un mosaico de perspectivas sobre el propósito de la vida, los desafíos de la toma de decisiones y la búsqueda definitiva de la iluminación espiritual. Los diálogos entre Krishna y Arjuna, ambientados en el contexto de una guerra inminente, sirven como un microcosmos de las luchas eternas que enfrenta la humanidad.

Las enseñanzas de Krishna sobre la acción desinteresada, la devoción y la interconexión de todos los seres resuenan profundamente con las preocupaciones existenciales de las personas a lo largo de los siglos. La amalgama de caracteres refleja las dimensiones multifacéticas de la experiencia humana y subraya la relevancia perenne de las enseñanzas del Bhagavad Gita para experimentar la existencia.

Además, las interacciones entre las figuras divinas como Brahma, Shiva, Vishnu e Indra ofrecen una perspectiva trascendente de la dinámica cósmica y la interacción entre creación, preservación y disolución. Sus papeles en el desarrollo de los acontecimientos subrayan la red del destino y el libre albedrío, destacando la naturaleza paradójica de la acción humana dentro del esquema más amplio del orden cósmico.

A través de las hazañas y dilemas de personajes mortales como el rey Dhritarashtra, Drona, Duryodhana y Yudhishthira, el Bhagavad Gita imparte lecciones vitales sobre el gobierno, el liderazgo y las consecuencias de la arrogancia y la rectitud. La yuxtaposición de sus acciones subraya los binarios morales que enfrentan los individuos cuando se enfrentan a las decisiones y responsabilidades de sus vidas.

Arjuna - La encarnación del dilema humano:

Arjuna, la figura central del Bhagavad Gita, personifica los dilemas existenciales que enfrentan los individuos. Su personaje es un microcosmos de la experiencia humana universal: una convergencia de emociones conflictivas, dilemas éticos e inquietud espiritual.

Al comienzo de la epopeya, Arjuna se enfrenta a la abrumadora tarea de librar una batalla catastrófica contra sus propios parientes, maestros reverenciados y amigos queridos. Esta situación encapsula la antigua lucha entre el deber y la moral, la lealtad y la rectitud, y los deseos personales frente a las obligaciones sociales.

El conflicto interno de Arjuna refleja las tensiones perennes inherentes a la naturaleza humana, que lidian con las complejidades de la toma de decisiones ante la adversidad. Su agitación evoca empatía, lo que incita a la introspección sobre dilemas morales y dilemas éticos. A través de su angustia, el Bhagavad Gita ofrece una exploración de las luchas psicológicas y emocionales que sustentan la condición humana.

Además, los pensamientos y las preguntas de Arjuna reflejan las preguntas sobre la naturaleza de la existencia, el propósito y la estructura subyacente de la realidad. Mientras dialoga con el Señor Krishna, el auriga y guía divino, las preguntas de Arjuna expresan las incertidumbres y los temores por excelencia que impregnan la psique humana. Estos intercambios iluminan la interacción entre la fe, el conocimiento y la duda, presentando un tapiz de introspección filosófica que trasciende las fronteras temporales y culturales.

Además, la transformación de Arjuna a lo largo del Bhagavad Gita refleja el viaje universal de autodescubrimiento e iluminación. Su evolución del desaliento a la determinación, de la confusión a la claridad, abarca el viaje arquetípico de los individuos que buscan comprensión y resolución en medio de las tribulaciones de la vida.

Krishna – El Guía y Maestro Divino:

En el Bhagavad Gita, el Señor Krishna surge como el guía y maestro divino por excelencia, impartiendo sabiduría y orientación a Arjuna en medio del campo de batalla de Kurukshetra. Como octavo avatar del Señor Vishnu, Krishna encarna el equilibrio perfecto entre la divinidad y la humanidad, y sirve como faro de luz y sabiduría para todos los buscadores de la verdad y la rectitud.

Las enseñanzas de Krishna en el Bhagavad Gita trascienden los límites del tiempo y el espacio, y resuenan en lectores de todas las generaciones y culturas. Su discurso sobre el deber (dharma), la rectitud y la naturaleza del ser ahonda en las profundidades de la existencia humana, ofreciendo perspectivas sobre el propósito de la vida y el camino hacia la iluminación espiritual.

El encanto enigmático del personaje de Krishna reside en su capacidad para entrelazar a la perfección conceptos filosóficos con sabiduría práctica, abordando eficazmente la agitación interior de Arjuna y proporcionando lecciones invaluables que son relevantes para la trayectoria vital de cada individuo.

Sus enseñanzas desafían las normas sociales y las creencias convencionales, instando a las personas a superar los deseos y apegos transitorios y a abrazar una comprensión más elevada del yo y del cosmos.

Además, el papel de Krishna como auriga de Arjuna simboliza su presencia modesta pero omnipotente para guiar a la humanidad a través de las complejidades de la vida. Su forma divina y sabiduría trascendental ofrecen una visión de la realidad cósmica infinita, inspirando a los buscadores a reconocer su divinidad innata y alinear sus acciones con el orden universal.

Bhima – Símbolo de fuerza y lealtad:

Bhima surge como una figura imponente, reverenciada por su fuerza incomparable, su lealtad inquebrantable y su coraje sin límites. Como segundo hijo de Kunti y Vayu, el dios del viento, la destreza física de Bhima solo es igualada por su inquebrantable devoción a la rectitud y la justicia. Su personaje sirve como símbolo de fuerza física y moral, encarnando la quintaesencia de las virtudes nobles frente a la adversidad.

Desde sus primeros días, el poder excepcional de Bhima fue evidente, y a menudo se lo comparaba con su padre celestial, Vayu. Su imponente estatura y su poder indomable infundían admiración y miedo a partes iguales, lo que lo convertía en una presencia formidable en el campo de batalla. Sin embargo, no es solo su poderío físico lo que distingue a Bhima, sino su compromiso inquebrantable con la defensa del dharma, o la rectitud, lo que realmente lo distingue como un modelo de virtud.

Bhima demuestra una lealtad inquebrantable hacia su familia, en particular hacia su hermano mayor Yudhishthira y hacia su causa compartida de establecer la justicia y reclamar su legítimo reino. Incluso frente a innumerables pruebas y tribulaciones, la dedicación y la fidelidad de Bhima permanecen intachables, y sirven como un ejemplo inspirador de devoción familiar y firmeza en la búsqueda de la verdad y el honor.

Su relación con Draupadi, la esposa común de los Pandavas, esclarece aún más la personalidad multifacética de Bhima. A pesar de las complejidades de su acuerdo matrimonial compartido, la devoción de Bhima hacia Draupadi se caracteriza por una ferocidad protectora y un apoyo inquebrantable, lo que refleja no solo su valor sino también su profundo sentido de la responsabilidad y la empatía.

La fuerza y la lealtad de Bhima se entrelazan con su sentido innato de la justicia, lo que lo impulsa a enfrentar dilemas morales y lealtades conflictivas con una integridad resuelta. Esta lucha interna, arraigada en su carácter, subraya la compleja interacción entre el poder físico y la fortaleza moral, ofreciendo una exploración convincente de la naturaleza humana y las complejidades éticas.

Bhishma - El modelo del deber y el honor:

Bhishma, también conocido como Devavrata, es un ejemplo de dedicación inquebrantable al deber y compromiso inquebrantable con el honor en la epopeya Mahabharata. Famoso por su excepcional valor, sabiduría y lealtad inquebrantable, Bhishma encarna la quintaesencia de la rectitud en medio de una era tumultuosa plagada de dilemas morales y discordias familiares.

La determinación sin igual de Bhishma se debe a su solemne promesa de defender el trono para su padre, el rey Shantanu, lo que lo llevó a renunciar a su derecho a la realeza y jurar celibato de por vida, ganándose así el epíteto de "Bhishma" o "el padre terrible". Su voto resume la importancia primordial que le da a la integridad, el altruismo y la devoción filial, sentando las bases de su carácter indomable.

A lo largo de la saga del Mahabharata, Bhishma es un bastión infalible de la virtud, impartiendo consejos sagaces y encarnando los ideales de la caballerosidad, la nobleza y la noblesse oblige. Su inquebrantable adhesión a la conducta ética y a la moralidad inatacable lo elevan a la categoría de modelo de rectitud en medio del tumultuoso telón de fondo de las disputas familiares, los dilemas de principios y las exigencias de la guerra.

Un episodio clave que ejemplifica el compromiso de Bhishma con el honor es su papel fundamental en la gran guerra de Kurukshetra. A pesar de albergar afecto tanto por los Kauravas como por los Pandavas, Bhishma se atiene firmemente a su solemne juramento de lealtad a Hastinapura, negándose a desviarse de su dharma incluso ante la angustia personal y los dilemas éticos. Al hacerlo, Bhishma personifica el desgarrador conflicto interno que surge cuando la conciencia individual choca con el deber, iluminando resueltamente la fortaleza moral y los sacrificios que implica defender los propios principios.

Brahma – La influencia del Creador en el Bhagavad Gita:

En el Bhagavad Gita, la presencia y la influencia de Brahma, la deidad creadora del hinduismo, impregnan la narración y ofrecen perspectivas filosóficas e implicaciones teológicas. Como fuente última de la creación y arquitecto del universo, Brahma representa la fuerza metafísica que sustenta todo el orden cósmico.

A lo largo del Bhagavad Gita, las referencias a Brahma sirven como recordatorio de la naturaleza cíclica de la existencia y la interconexión de todas las formas de vida. El concepto de creación, preservación y destrucción encarnado por Brahma, Vishnu y Shiva refleja el ritmo eterno del nacimiento, la vida y la muerte que experimentan todos los seres. Esta naturaleza cíclica de la existencia es fundamental para comprender la impermanencia del mundo material, así como la naturaleza eterna del alma.

Además, las enseñanzas del Señor Krishna a Arjuna reflejan a menudo los principios subyacentes establecidos por Brahma. La idea del dharma, o rectitud, y el concepto de cumplir con los deberes sin apego a los frutos de las acciones están inherentemente vinculados al orden cósmico establecido por Brahma. Al adherirse a estos principios, los individuos se alinean con la naturaleza esencial del universo, alcanzando así la armonía espiritual y cumpliendo con sus funciones ordenadas en el gran esquema de la creación.

Las diversas manifestaciones de Brahma en forma de creación se reflejan metafóricamente en los personajes y circunstancias multifacéticos retratados en el Bhagavad Gita. El viaje y los dilemas éticos de cada personaje simbolizan diferentes aspectos del proceso creativo, lo que ilustra las complejidades inherentes al acto de manifestación. Al examinar a estos personajes y sus luchas, obtenemos una perspectiva de la naturaleza multifacética de la creación y las opciones morales que dan forma a los destinos individuales.

Rey Dhritarashtra - Ceguera, negación y poder:

El rey Dhritarashtra, hijo mayor del rey Vichitravirya y la reina Ambika, es un personaje complejo e intrigante del Bhagavad Gita. Su historia sirve como una exploración de los temas de la ceguera, la negación y el embriagador atractivo del poder. Como monarca ciego de la dinastía Kuru, la ceguera física de Dhritarashtra se convierte en una metáfora evocadora de su ceguera moral y espiritual. Esta ceguera no solo obstruye su capacidad de percibir la verdad, sino que también simboliza la ignorancia voluntaria que caracteriza su liderazgo y su toma de decisiones. A pesar de esta limitación, el ansia de poder y autoridad de Dhritarashtra lo impulsa a tomar decisiones que tienen consecuencias de largo alcance para él, su familia y el reino de Hastinapura.

En el centro del personaje de Dhritarashtra se esconde un potente cóctel de orgullo, inseguridad y una sed insaciable de control. Esta mezcla tóxica acaba por conducirlo por un camino de autoengaño y decisiones perjudiciales. La negación de Dhritarashtra de la rectitud de la causa de los Pandavas y su apoyo incondicional a su intrigante hijo, el príncipe Duryodhana, ponen de relieve la influencia destructiva de la ambición desenfrenada y el potencial de decadencia moral. A pesar de los sabios consejos de Vidura y otros simpatizantes, Dhritarashtra sigue sumido en sus delirios y se niega a reconocer las repercusiones de sus acciones. Su falta de voluntad para enfrentarse a la realidad y aceptar la claridad moral no sólo sella su propio destino trágico, sino que también impulsa la epopeya hacia su clímax cataclísmico.

Drona - El mentor dilemático:

Dronacharya surge como una figura compleja y fundamental, que encarna una multitud de contradicciones y dilemas morales. Como mentor reverenciado tanto por los Kauravas como por los Pandavas, las acciones y decisiones de Dronacharya resuenan con complejidades éticas e implicaciones filosóficas, lo que lo convierte en un tema de análisis fascinante.

La vida de Dronacharya abarca un recorrido marcado por el virtuosismo, la lealtad y el conflicto interno. Nacido como hijo de Bharadwaja, alcanzó una pericia sin igual en la guerra y se hizo famoso como uno de los principales maestros de las artes militares. Su destreza sin igual con las armas y sus habilidades de combate lo llevaron a ser nombrado preceptor de Hastinapur, donde asumió el papel de guía e instruir a los jóvenes príncipes, incluido el ilustre arquero Arjuna.

Sin embargo, el compromiso inquebrantable de Dronacharya con el deber y el honor se ve enredado en las complejidades de sus relaciones y lealtades. Su lealtad a Hastinapur y sus gobernantes, combinada con su afecto por su alumno favorito, Arjuna, genera una red de intereses conflictivos y dilemas morales. A lo largo de la narración, Dronacharya se encuentra dividido entre sus obligaciones como gurú, sus apegos personales y la dinámica política que lo envuelve.

La narración que involucra a Dronacharya también está salpicada de instancias de ambigüedad ética y agitación interna. Su papel fundamental en la infame descalificación de Ekalavya, un arquero tribal excepcionalmente talentoso, presenta una descripción conmovedora de los choques entre la integridad individual y las expectativas sociales. Además, la participación de Dronacharya en la Guerra de Kurukshetra, en la que lucha del lado de los Kauravas a pesar de albergar reservas sobre su conducta, encapsula la interacción de la responsabilidad moral, el parentesco y la integridad profesional.

Además, los problemas de Dronacharya tienen relevancia en contextos contemporáneos, ya que resuenan con temas de mentoría, liderazgo y la naturaleza de la toma de decisiones humana. Su carácter multidimensional invita a la introspección sobre los matices de las elecciones éticas, las complejidades de las lealtades y las implicaciones de largo alcance de las acciones individuales dentro de marcos sociales y políticos más amplios.

El príncipe Duryodhana: el arquetipo de la ambición y el exceso:

El príncipe Duryodhana, el mayor de los Kauravas, encarna el arquetipo de la ambición y el exceso en la gran epopeya india, el Mahabharata. Su personaje representa los aspectos más oscuros de la naturaleza humana y sirve como advertencia sobre los peligros de la ambición desenfrenada y el deseo descontrolado de poder.

Desde muy joven, la ambición de Duryodhana se hace evidente en su inquebrantable determinación de reclamar el trono de Hastinapura, a pesar de las legítimas reivindicaciones de los Pandavas, sus primos. Su ambición no conoce límites y está dispuesto a recurrir al engaño, la manipulación y la traición para satisfacer sus deseos. Esta sed insaciable de poder pone de relieve las peligrosas consecuencias de la ambición descontrolada, ya que conduce al conflicto, la traición y, en última instancia, la destrucción.

El orgullo y la arrogancia excesivos de Duryodhana ejemplifican aún más su arquetipo. Su negativa a reconocer las reivindicaciones legítimas de los Pandavas y su incesante búsqueda de dominio reflejan la naturaleza destructiva del orgullo excesivo. A lo largo del Mahabharata, las acciones de Duryodhana están impulsadas por un hambre insaciable de poder y una falta de voluntad para aceptar cualquier forma de compromiso o conciliación.

Además de su ambición y orgullo personal, Duryodhana simboliza también la influencia corruptora del materialismo y la riqueza. Su grandeza y opulencia, alimentadas por su insaciable sed de poder, lo llevan por un camino de degradación moral y bancarrota espiritual. Su lujoso estilo de vida y su indulgencia en el lujo sirven como recordatorio de los peligros del materialismo excesivo y la erosión de los valores éticos.

Además, la incapacidad de Duryodhana para reconocer el verdadero valor y la integridad de los demás amplifica su trágico defecto. Su desdén por virtudes como la rectitud, la honestidad y la humildad lo ciega a la bondad inherente de quienes lo rodean, aislándolo en su propia red de ambición y excesos.

Indra y Janaka - Ilustraciones de realeza y santidad:

En el Bhagavad Gita, los personajes de Indra y Janaka sirven como ilustraciones de la realeza y la santidad, respectivamente. Estas dos figuras ejemplifican los papeles duales del poder mundano y la sabiduría espiritual, arrojando luz sobre las complejidades y responsabilidades que acompañan al liderazgo y la iluminación. Como tal, sus narraciones se convierten en componentes esenciales para comprender las ideas morales y filosóficas que se entretejen a lo largo del Gita.

Indra, el rey de los dioses en la mitología hindú, simboliza la cumbre de la autoridad y la soberanía temporales. Su valor, su fuerza y su dominio sobre los reinos celestiales representan el epítome del poder real. En el Bhagavad Gita, Indra se erige como una representación del liderazgo y el gobierno en su estado más elevado, demostrando la supremacía y la carga inherentes a gobernar sobre dominios tanto mortales como inmortales. A través de su personaje, se nos presentan los desafíos que enfrentan quienes ocupan puestos de gran autoridad, ofreciendo una ventana a la dinámica del mando, la justicia y la rendición de cuentas.

Por el contrario, Janaka, el famoso rey de Mithila, encarna el arquetipo de la virtud santa y la iluminación espiritual. En medio de sus deberes reales, el compromiso inquebrantable de Janaka con la rectitud y la autorrealización brilla como un ejemplo radiante de la armonización de la responsabilidad mundana y la sabiduría trascendente. Su historia sirve como testimonio del potencial para el despertar espiritual y el altruismo incluso dentro del ámbito del gobierno terrenal. La capacidad de Janaka de enfrentarse al mundo material mientras defiende los valores espirituales imparte enseñanzas invaluables sobre la integración de la moralidad y la divinidad en la búsqueda de la realización genuina y la armonía social.

Al considerar la yuxtaposición de Indra y Janaka, se invita a los lectores a contemplar la interacción entre el poder temporal y la guía espiritual. Los caminos distintos pero interconectados de estas figuras revelan el tapiz de la existencia humana, donde la autoridad secular se entrelaza con la visión sagrada. A través de sus historias, el Bhagavad Gita no solo imparte lecciones sobre la naturaleza del liderazgo y la rectitud, sino que también ilumina el potencial de los individuos para encarnar la excelencia secular y espiritual simultáneamente. Como tal, los relatos de Indra y Janaka tienen una relevancia significativa para las exploraciones contemporáneas de la gobernanza, la ética y la búsqueda de la trascendencia interior. Sus narrativas sirven como faros de inspiración, instándonos a buscar enfoques holísticos de la vida que honren tanto las responsabilidades mundanas como las verdades eternas.

Los Kauravas - Manifestación del conflicto:

En todo el Mahabharata, los personajes conocidos como los Kauravas son la personificación del conflicto y sus múltiples manifestaciones. Liderados por el ambicioso y envidioso Duryodhana, los Kauravas ejemplifican la oscuridad que reside en la psique humana, simbolizando así la lucha inherente entre la rectitud y la malevolencia. Los hermanos no son simplemente un grupo de individuos, sino más bien una fuerza colectiva que representa las diversas dimensiones de la discordia que plagan el mundo.

Duryodhana, impulsado por su ambición implacable y su deseo insaciable de poder, se convierte en el principal arquitecto de las tensiones crecientes que finalmente conducen a la catastrófica guerra de Kurukshetra. Sus acciones y decisiones están cargadas de egoísmo y engaño, y sirven como un claro recordatorio del potencial destructivo del ego y la codicia desenfrenados. Mientras Duryodhana lucha con sentimientos de incompetencia y resentimiento hacia sus virtuosos primos, las semillas de la enemistad echan raíces y gradualmente florecen hasta convertirse en un conflicto irreprimible.

Los Kauravas, que en conjunto reflejan los aspectos más oscuros de la humanidad, no están exentos de complejidad. Cada miembro contribuye a la agitación que se desarrolla a su manera, añadiendo capas de profundidad a la narrativa general. Sus ideologías conflictivas, sus lealtades equivocadas y sus decisiones moralmente dudosas tejen un tapiz de discordia que expone la fragilidad de los principios éticos cuando se enfrentan a la tentación y la adversidad.

Además, los Kauravas sirven como un retrato aleccionador de las consecuencias de sucumbir a los instintos básicos y abandonar el camino de la rectitud. Su trayectoria es un testimonio aleccionador de las ramificaciones de largo alcance de la tiranía desenfrenada y la erosión de la integridad moral. A través de sus acciones y creencias, los Kauravas provocan la introspección sobre la naturaleza del conflicto, iluminando la interacción entre los deseos personales, las expectativas sociales y la batalla entre el bien y el mal.

Los Pandavas - Alegoría de la rectitud:

Los Pandavas son la encarnación arquetípica de la rectitud y la justicia en tiempos turbulentos. Liderados por el noble Yudhishthira, personifican las cualidades del honor, la integridad y la fortaleza moral frente a la adversidad. La historia de los Pandavas sirve como alegoría, resonando con temas universales de conducta ética, deber familiar y la búsqueda inquebrantable de la verdad.

Yudhishthira, el mayor de los hermanos Pandava, personifica los principios del gobierno recto y el liderazgo virtuoso. Su compromiso inquebrantable con el dharma, o la rectitud, lo distingue como un modelo de integridad moral. A pesar de enfrentar numerosas pruebas y tribulaciones, Yudhishthira se mantiene firme en la defensa de sus principios, encarnando la esencia de la rectitud en su forma más pura.

Junto a Yudhishthira, sus hermanos -Bhima, Arjuna, Nakula y Sahadeva- contribuyen cada uno a su manera a la narrativa alegórica de la rectitud. Bhima ejemplifica la fuerza física, la lealtad y el coraje, mientras que Arjuna encarna el valor, la habilidad y la devoción inquebrantable al deber. Nakula y Sahadeva, aunque aparecen de forma menos destacada, simbolizan la gracia, la humildad y el apoyo inquebrantable a su familia y a su causa.

Las pruebas y tribulaciones que enfrentaron los Pandavas sirven como un espejo de nuestros propios dilemas morales y dilemas éticos. Su inquebrantable apego a la rectitud, a pesar de las innumerables tentaciones e injusticias que enfrentaron, nos inspira a contemplar la importancia de la rectitud moral en nuestras propias vidas. Al adentrarnos en las profundidades alegóricas del viaje de los Pandavas, se nos invita a reflexionar sobre las luchas universales entre el bien y el mal, el deber y el deseo, y la búsqueda de una conducta ética en un mundo plagado de complejidad y ambigüedad moral.

Sanjaya - El narrador profético:

En la gran epopeya del Mahabharata, Sanjaya surge como una figura central que actúa como narrador profético, proporcionando una visión y un comentario esenciales sobre los acontecimientos que se desarrollan en la guerra de Kurukshetra. Como auriga y confidente del rey Dhritarashtra, Sanjaya posee el extraordinario don de la clarividencia, que le permite presenciar y transmitir toda la guerra al rey ciego. Su papel como vidente y narrador impregna la narración de profundidad y perspectiva, infundiéndole reflexiones filosóficas y morales. A través de sus ojos, obtenemos acceso al funcionamiento interno de las mentes de los personajes, sus motivaciones y las consecuencias de sus acciones, enriqueciendo así nuestra comprensión de las complejas experiencias humanas y los dilemas éticos en juego.

La narración de Sanjaya trasciende la mera narración de historias; se convierte en un vehículo para comprender la condición humana, la moralidad y los dilemas éticos que siguen resonando en los lectores a lo largo de los siglos. Llegamos a reconocer a Sanjaya no solo como un conducto de información, sino como un sabio cuya sabiduría y discernimiento sirven para iluminar las enseñanzas y lecciones contenidas en el Bhagavad Gita y el Mahabharata. Su capacidad para transmitir los matices de la saga que se desarrolla nos otorga una visión panorámica de las luchas, los triunfos y las tragedias de la gran guerra, al tiempo que ofrece una guía espiritual y filosófica. Más allá de ser un testigo de la historia, Sanjaya encarna la personificación de la sabiduría, la compasión y la percepción aguda, lo que lo convierte en un guía indispensable para experimentar el laberíntico paisaje moral representado en la antigua epopeya india.

Shiva y Vishnu: aspectos divinos y sus roles duales:

En el Bhagavad Gita, los personajes de Shiva y Vishnu sirven como aspectos divinos vitales que encapsulan significado filosófico y teológico. Shiva, la poderosa y enigmática deidad asociada con la destrucción y la renovación, representa las fuerzas cósmicas del cambio y la transformación. En contraste, Vishnu, el preservador y sustentador del universo, encarna la esencia del orden, la armonía y la preservación. Ambas deidades desempeñan papeles fundamentales en el panteón hindú y sus papeles duales se entrecruzan en las enseñanzas del Gita.

Shiva, a menudo representado como un asceta de pelo enmarañado y un tercer ojo en la frente, personifica la naturaleza trascendental e indómita de la existencia. Su presencia encarna las fuerzas destructivas que allanan el camino para el renacimiento y la regeneración, y retrata la naturaleza cíclica de la creación y la destrucción. A través de la actitud feroz pero compasiva de Shiva, el Bhagavad Gita transmite la inevitabilidad del cambio y la impermanencia de las manifestaciones mundanas. Esta representación de Shiva insta a los lectores a aceptar el flujo de la vida y encontrar el crecimiento espiritual a través de la aceptación y la entrega.

Por otra parte, Vishnu, con su semblante sereno y su disposición protectora, representa la fuerza estabilizadora que mantiene el equilibrio en el cosmos. Como preservador del dharma (la rectitud) y encarnación del amor y la compasión, Vishnu subraya la importancia de mantener el orden moral y la rectitud en medio de la turbulencia del mundo material. El Bhagavad Gita integra a la perfección la influencia benévola de Vishnu para impartir principios éticos, instando a las personas a actuar desinteresadamente y a honrar los deberes sagrados inherentes a sus respectivos roles.

Además, la interacción entre Shiva y Vishnu en el Bhagavad Gita destaca sus papeles complementarios dentro del esquema cósmico. Mientras que el aspecto destructivo de Shiva sirve como catalizador para la transformación y la evolución, la naturaleza conservadora de Vishnu asegura la continuidad y la estabilidad. Esta dualidad armoniosa alienta a los lectores a reconocer la necesidad tanto de la creación como de la preservación en el gran diseño de la existencia, fomentando así una comprensión equilibrada de los procesos cíclicos de la vida.

Además, Shiva y Vishnu ejemplifican la noción de unidad dentro de la diversidad, elucidando la unidad subyacente de toda la existencia a pesar de la aparente multiplicidad de formas. El Bhagavad Gita resuena con la esencia de esta unidad, enfatizando que a pesar de las aparentes diferencias en sus atributos, Shiva y Vishnu convergen en última instancia como diferentes facetas de la misma realidad eterna. Esta unificación de sus roles duales hace eco del concepto metafísico más amplio de no dualidad (advaita), invitando a los lectores a trascender las ilusiones de separación y reconocer la unidad subyacente que impregna todo el cosmos.

Yudhishthira - Justicia e integridad moral:

Yudhishthira, el mayor de los Pandavas, es el epítome de la rectitud y la integridad moral en el Bhagavad Gita. Su inquebrantable compromiso con el dharma, o el deber, sirve como luz guía a lo largo de la narrativa épica, reforzando los temas generales de la justicia y la virtud.

Desde su juventud, Yudhishthira demostró una profunda comprensión de los principios morales y una inquebrantable dedicación a la defensa de la rectitud frente a la adversidad. El episodio de Yaksha Prashna, donde las respuestas de Yudhishthira a una serie de preguntas enigmáticas finalmente devuelven la vida a sus hermanos, ejemplifica su firme devoción a la verdad y la moralidad.

El carácter de Yudhishthira se define por su lucha interna por mantener una conducta ética en medio de los tumultuosos acontecimientos del Mahabharata. Su compromiso con la defensa de la justicia incluso en las circunstancias más difíciles lo distingue como un modelo de rectitud e integridad moral.

A lo largo de la epopeya, Yudhishthira se enfrenta continuamente a las complejidades de la rectitud y a los desafíos que plantean los dilemas éticos. Su inquebrantable adhesión al dharma, incluso cuando se enfrenta a la angustia personal y a la ambigüedad moral, demuestra su inquebrantable dedicación a la verdad y la virtud.

Además, la conmovedora introspección de Yudhishthira en el campo de batalla, en particular en la etapa previa a la Gran Guerra, ofrece una visión de la naturaleza del deber, el honor y la responsabilidad moral. Su diálogo interno refleja la profundidad de sus convicciones éticas y las cargas del liderazgo, y arroja luz sobre los fundamentos filosóficos de su carácter.

Las interacciones de Yudhishthira con varios personajes del Bhagavad Gita ponen de relieve su compromiso con la justicia y la conducta ética. Ya sea entablando conversaciones con Krishna, consultando con sus hermanos o enfrentándose a sus adversarios con ecuanimidad, Yudhishthira defiende constantemente los principios de justicia, compasión y rectitud moral.

Capítulo II
TEMAS, CONTEXTO E IMPACTO – VYASA Y EL GITA

Contexto histórico y significado del Bhagavad Gita:

El contexto histórico del Bhagavad Gita está profundamente arraigado en la antigua civilización india, en particular durante el período del Mahabharata, una de las mayores epopeyas de la mitología hindú. La composición del Bhagavad Gita tuvo lugar en medio del tumultuoso telón de fondo de la Guerra de Kurukshetra, un acontecimiento fundamental en la historia de la India. Esta guerra no solo representó una batalla física entre los Pandavas y los Kauravas, sino que también simbolizó la lucha ética, moral y metafísica que se encuentra en el corazón de la existencia humana.

Las influencias culturales y religiosas que prevalecieron durante esta era desempeñaron un papel importante en la configuración de los temas y filosofías expuestos en el Bhagavad Gita. Estas influencias abarcaron las diversas tradiciones espirituales y discursos filosóficos que florecieron dentro de la sociedad védica, incluidos los conceptos de dharma (deber/rectitud), karma (acción) y la búsqueda de la liberación (moksha). El Bhagavad Gita surgió como una síntesis de estas influencias multifacéticas, ofreciendo perspectivas sobre la naturaleza de la existencia, la conducta humana y la realización espiritual.

La dinámica sociopolítica de la antigua India, caracterizada por complejas estructuras de poder y jerarquías sociales, también ensombrece la narrativa del Bhagavad Gita, reflejando las disparidades sociales prevalecientes y los dilemas éticos que enfrentan los individuos dentro de ese marco. La importancia del texto no radica solo en su profundidad filosófica y teológica, sino también en su capacidad para resonar con las preocupaciones centrales de la humanidad en diferentes épocas.

Vida y contribuciones de Vyasa:

Krishna-Dwaipayana, más conocido como Vyasa, es una figura venerada en la tradición hindú y se le atribuye la composición del Mahabharata, del que forma parte el Bhagavad Gita. Se sabe poco sobre el nacimiento y los primeros años de vida de Vyasa, pero su impacto en las tradiciones religiosas y filosóficas de la India es inconmensurable. Como compilador de los Vedas y autor de varios Puranas, la influencia de Vyasa se extiende mucho más allá del relato épico del Mahabharata.

Según los relatos tradicionales, Vyasa nació del sabio Parashara y de una pescadora llamada Satyavati. Su nombre "Vyasa" significa "organizador" o "compilador", lo que refleja su papel como organizador y transmisor del conocimiento védico. Se dice que Vyasa poseía un intelecto extraordinario y una visión espiritual desde muy joven, y su sabiduría fue reconocida por sabios y eruditos por igual.

Las contribuciones de Vyasa al patrimonio literario y filosófico de la India son monumentales. Además de recopilar y categorizar los Vedas, se cree que dividió las enseñanzas en cuatro partes, lo que condujo a la clasificación del Rigveda, Yajurveda, Samaveda y Atharvaveda. Esta división sentó las bases para la preservación y difusión del conocimiento védico.

El Mahabharata, considerado a menudo su obra más importante, es una de las epopeyas más extensas de la literatura mundial. Su descripción de dilemas humanos, enigmas éticos y principios cósmicos lo ha convertido en una fuente de reflexión y contemplación. En esta obra magna, Vyasa no solo resumió la narrativa de la guerra de Kurukshetra, sino que también expuso conceptos filosóficos a través del diálogo y el discurso.

Vyasa es reconocido no sólo como figura literaria, sino también como una luminaria espiritual. Sus ideas sobre la naturaleza de la existencia, el dharma y la realidad última han dejado una marca indeleble en el panorama filosófico de la India. Su autoría del Bhagavad Gita, una escritura espiritual venerada por su sabiduría y guía práctica, ha consolidado aún más su reputación como pensador y vidente preeminente.

El Mahabharata:

El Mahabharata, una de las dos principales epopeyas sánscritas de la antigua India, es una narración épica de la Guerra de Kurukshetra y los destinos de los príncipes Kaurava y Pandava. Se atribuye al sabio Vyasa y forma parte integral de la mitología y la espiritualidad indias. El Mahabharata abarca varios elementos, entre ellos enseñanzas filosóficas y devocionales, historias de heroísmo y valor, dilemas morales y relaciones familiares complejas.

El Mahabharata, que consta de más de 100.000 versos, no es solo una historia de guerra, sino también un tesoro de sabiduría, rectitud y virtudes humanas. El conflicto entre los Pandavas y los Kauravas, que culmina en una catastrófica batalla en Kurukshetra, es un elemento central de la saga. La epopeya ofrece una visión panorámica de la vida y la sociedad de la antigua India, que abarca diálogos, subtramas y lecciones sobre la virtud y el deber. La narrativa general también se adentra en los reinos metafísicos y espirituales, incorporando las enseñanzas del dharma, el karma y la naturaleza de la realidad.

Además, el Mahabharata es un compendio de conocimientos diversos que abarcan desde la política y la gobernanza hasta la ética y la espiritualidad. Sus temas universales y su relevancia lo han situado en el centro de la cultura y la literatura indias, inspirando innumerables adaptaciones, interpretaciones y estudios académicos a lo largo de los siglos.

El papel del Bhagavad Gita dentro del Mahabharata:

El Bhagavad Gita es parte integral de la epopeya Mahabharata, donde aparece en forma de diálogo entre el príncipe Arjuna y el Señor Krishna. Este texto sagrado se encuentra enclavado en la narrativa más amplia del Mahabharata, una epopeya significativa que abarca un rico tapiz de personajes, escenarios y eventos. El contexto de la entrega del Bhagavad Gita es crucial para comprender su impacto en la narrativa en su conjunto. A medida que se acerca la Guerra de Kurukshetra, Arjuna se encuentra enfrentando dilemas morales y éticos con respecto a su participación en la batalla inminente. Es en esta coyuntura crítica que el Señor Krishna imparte sabiduría a Arjuna, abordando sus dudas y brindándole una guía que trasciende el campo de batalla inmediato. El Bhagavad Gita sirve así como un discurso filosófico y una guía práctica para la acción correcta en medio de la agitación y el cuestionamiento existencial dentro del marco del Mahabharata. Su presencia en esta epopeya no solo añade profundidad y significado espiritual a la trama general, sino que también eleva la narrativa al ahondar en cuestiones sobre el deber, la rectitud y la naturaleza de la existencia. La integración del Bhagavad Gita en el Mahabharata ejemplifica cómo la literatura india antigua entrelaza a la perfección las enseñanzas filosóficas con la narración épica, ofreciéndonos una visión integral de la experiencia humana y los dilemas morales.

Fundamentos filosóficos del Bhagavad Gita:

El Bhagavad Gita presenta una síntesis de diversos conceptos filosóficos y escuelas de pensamiento, entre los que se incluyen el Vedanta, el Samkhya y el Yoga, entre otros. Esta amalgama de filosofías sirve como marco integral para comprender la naturaleza de la realidad, la existencia humana y el camino hacia la iluminación espiritual. La base filosófica del Bhagavad Gita es la exploración del yo, el concepto de dharma y el objetivo último de la liberación.

Uno de los temas filosóficos clave del Bhagavad Gita es la elucidación de la verdadera naturaleza del ser, conocida como el Atman. A través de las enseñanzas del Señor Krishna, el Bhagavad Gita expone la naturaleza eterna e inmutable del ser, distinta del cuerpo físico perecedero. Esta comprensión de la naturaleza del ser constituye la base de la filosofía del Bhagavad Gita, que pone énfasis en la esencia trascendental del individuo más allá del reino material.

Además, el Bhagavad Gita profundiza en el concepto de dharma, o rectitud y deber. Aborda las complejidades de los dilemas éticos y las responsabilidades morales, guiando a las personas a discernir y cumplir con sus deberes rectos, al tiempo que renuncian al apego a los frutos de sus acciones. El discurso filosófico del Bhagavad Gita sobre el dharma subraya la importancia de la conducta ética y de alinear las acciones de uno con los principios universales, contribuyendo así a la armonía del orden cósmico.

Además, los fundamentos filosóficos del Bhagavad Gita se extienden a la búsqueda de la liberación, o moksha, que representa el objetivo último de la vida humana según la filosofía védica. El Bhagavad Gita describe varios caminos para alcanzar la liberación, incluidos los caminos del conocimiento (Jnana Yoga), la devoción (Bhakti Yoga) y la acción disciplinada (Karma Yoga). Estos caminos ofrecen diversos enfoques para que los buscadores comprendan la verdad eterna y trasciendan el ciclo del nacimiento y la muerte.

Temas y motivos:

El Bhagavad Gita abarca un rico tapiz de temas y motivos, cada uno de los cuales contribuye a su profundidad filosófica. Entre ellos, el concepto central es el de dharma, o deber, que sirve como principio rector de la conducta humana. El Bhagavad Gita explora la naturaleza multifacética del dharma, haciendo hincapié en la importancia de cumplir con las propias obligaciones y trascender el apego a los resultados de las acciones. Este tema resuena profundamente en la narrativa del dilema moral de Arjuna en el campo de batalla, subrayando el conflicto entre los deberes familiares y las consideraciones éticas.

Además, el yoga, no sólo como ejercicio físico, sino como camino hacia la realización espiritual, impregna el texto. El Bhakti explica diversas formas de yoga, como el karma yoga (el yoga de la acción desinteresada), el bhakti yoga (el yoga de la devoción) y el jnana yoga (el yoga del conocimiento), presentándolos como rutas interconectadas para alcanzar la armonía interior y la comunión con lo divino.

Otro tema destacado es la dicotomía entre el cuerpo perecedero y el alma inmortal. A través de diálogos alegóricos y metáforas, el Bhagavad Gita expone la esencia eterna del yo (atman) y su desapego del reino transitorio de la existencia material. Esta exploración existencial invita a los lectores a contemplar la impermanencia de la vida física y la naturaleza del alma, incitando a la introspección sobre la esencia de la identidad humana.

Además, la interacción entre la acción y la renuncia surge como un motivo recurrente. El Bhagavad Gita enfatiza la importancia de cumplir con los deberes prescritos sin apego a los frutos del trabajo, y aboga por un enfoque equilibrado entre el compromiso mundano y el desapego espiritual. Esta yuxtaposición subraya el concepto fundamental de nishkama karma, presentándolo como un medio para armonizar las responsabilidades mundanas con la búsqueda de la liberación espiritual.

Además, el tema de la manifestación divina y el orden universal impregna el Bhagavad Gita, retratando la omnipresencia de lo divino en toda la creación. El texto desentraña el espectáculo cósmico de la divinidad dentro y fuera del mundo tangible, impartiendo un sentido de interconexión y reverencia por la presencia divina en cada aspecto de la existencia.

Las intenciones y el estilo literario de Vyasa:

La intención principal de Vyasa al presentar el Bhagavad Gita en el marco de la epopeya del Mahabharata era ofrecer un discurso espiritual que no sólo impartiera una guía moral y ética, sino que también abordara las cuestiones fundamentales relativas a la existencia, el deber y la naturaleza de la realidad. Al incorporar las enseñanzas del Señor Krishna en el contexto más amplio de la guerra de Kurukshetra, Vyasa entrelaza magistralmente las ideas filosóficas con la narrativa dramática y apasionante de la epopeya, asegurando así que las verdades espirituales resonaran profundamente en los corazones y las mentes de los lectores. Es evidente que Vyasa intentó transmitir un mensaje que trascendiera los límites del tiempo y el lugar, haciendo que el Bhagavad Gita fuera relevante y aplicable a todas las épocas.

En cuanto al estilo literario, la maestría de Vyasa se evidencia en la combinación perfecta de versos poéticos, diálogos y exposición narrativa. El uso del simbolismo, la alegoría y la metáfora infunden al Bhagavad Gita capas de significado, invitando a la contemplación y la interpretación en múltiples niveles. A través de metáforas conmovedoras, como el campo de batalla que sirve como metáfora de la lucha humana y el auriga que simboliza la guía divina, Vyasa emplea un rico tapiz de recursos literarios para transmitir verdades espirituales de una manera que cautiva la imaginación y el intelecto del lector. Además, la capacidad de Vyasa para articular conceptos filosóficos complejos de una manera lúcida y accesible muestra su habilidad incomparable como filósofo y narrador.

Impacto en el pensamiento filosófico posterior:

La influencia del Bhagavad Gita se extiende mucho más allá de las fronteras de la antigua India y permea también los ámbitos de la filosofía occidental. Los conceptos que se explican en el Bhagavad Gita, como la naturaleza del yo, los caminos hacia la realización espiritual y la ética de la acción, han inspirado a innumerables filósofos, teólogos y pensadores a lo largo de la historia.

Una de las áreas clave en las que el Bhagavad Gita ha influido en el pensamiento filosófico posterior es en el ámbito del existencialismo. La contemplación del Bhagavad Gita sobre el sentido de la vida, la naturaleza del deber y la lucha humana por la autorrealización resuena profundamente en filósofos existencialistas como Søren Kierkegaard, Jean-Paul Sartre y Friedrich Nietzsche. La exploración del Bhagavad Gita de la elección, la responsabilidad y la autenticidad encuentra ecos en las obras de estos influyentes pensadores occidentales, enriqueciendo el discurso sobre la condición humana.

Además, la explicación que el Bhagavad Gita hace de los diferentes caminos yóguicos y del concepto de trascendencia ha encontrado paralelismos en los escritos de los fenomenólogos y metafísicos modernos. El énfasis que el Bhagavad Gita pone en la unidad del ser, el papel de la conciencia y la búsqueda de la liberación ha suscitado una intensa investigación filosófica sobre la naturaleza de la realidad y la conciencia, contribuyendo a la evolución del pensamiento metafísico en Occidente.

Además, las dimensiones éticas descritas en el Bhagavad Gita han dejado un impacto duradero en las teorías éticas y las filosofías morales de todas las culturas. Las enseñanzas del Bhagavad Gita sobre la acción correcta, el desapego y la naturaleza del dharma han estimulado debates sobre la ética de la virtud, la ética deontológica y el consecuencialismo. Los dilemas éticos a los que se enfrentó Arjuna, tal como se describen en el Bhagavad Gita, se han convertido en ejemplos arquetípicos que siguen provocando reflexión y deliberación ética en el discurso filosófico contemporáneo.

Traducciones e interpretaciones a lo largo del tiempo:

A medida que el Bhagavad Gita fue ganando prominencia más allá de las fronteras de la India, académicos y pensadores de diversos orígenes culturales se embarcaron en la tarea de transmitir sus ideas a un público global. Estas traducciones e interpretaciones han desempeñado un papel fundamental en la difusión de la sabiduría del Bhagavad Gita y en la aclaración de su relevancia en diversos contextos.

Una de las primeras traducciones conocidas del Bhagavad Gita a un idioma occidental fue la de Charles Wilkins en 1785. Este trabajo pionero marcó el comienzo de un proceso continuo de traducción del texto a diferentes idiomas, lo que permitió que personas de todo el mundo tuvieran acceso a sus enseñanzas. Los traductores posteriores, entre ellos Swami Vivekananda, AC Bhaktivedanta Swami Prabhupada y Eknath Easwaran, ofrecieron sus propias versiones, cada una imbuida de perspectivas y matices únicos.

El acto de traducir no sólo implica conversión lingüística, sino también interpretación y contextualización. Por ello, distintos traductores han abordado el Bhagavad Gita desde sus propias experiencias e inclinaciones filosóficas. Las variaciones en estas traducciones reflejan la naturaleza multifacética del mensaje del Gita y la comprensión cambiante de su profundidad.

Además, las interpretaciones del Bhagavad Gita han trascendido los esfuerzos académicos para abarcar expresiones artísticas y adaptaciones en diversas formas. Artistas, músicos, escritores, cineastas y líderes espirituales han encontrado inspiración en el Bhagavad Gita y han producido obras creativas que resuenan con sus temas y personajes. A través de estos diversos esfuerzos creativos, la influencia del Bhagavad Gita ha trascendido las fronteras literarias tradicionales y ha permeado la cultura popular.

Las numerosas interpretaciones del Bhagavad Gita suscitan debates y discusiones enriquecedoras que contribuyen a una apreciación más profunda de su significado. A medida que el Gita sigue cautivando a las nuevas generaciones, los pensadores y académicos contemporáneos se esfuerzan por ofrecer traducciones nuevas y análisis innovadores que reflejen el espíritu moderno. Este proceso continuo no solo garantiza la preservación de la sabiduría del Gita, sino que también destaca su adaptabilidad y universalidad.

La relevancia del Bhagavad Gita en la sociedad contemporánea:

En la sociedad contemporánea, las enseñanzas del Bhagavad Gita siguen resonando y ofreciendo sabiduría que se puede aplicar a diversos aspectos de la vida humana. Uno de los principios clave del Bhagavad Gita es el concepto de Dharma. Este concepto sigue siendo muy relevante hoy en día, cuando las personas se enfrentan a dilemas éticos y morales tanto en las esferas personales como profesionales. El énfasis del Bhagavad Gita en el cumplimiento de los deberes de uno sin apego a los resultados sirve como una guía pertinente para experimentar las complejidades de la vida moderna.

Además, el Bhagavad Gita ofrece conocimientos sobre cómo manejar el estrés y la ansiedad, desafíos frecuentes en el acelerado mundo actual. Las enseñanzas sobre cómo encontrar la paz interior y mantener el equilibrio mental en medio de la adversidad ofrecen valiosos mecanismos de afrontamiento para las personas de la sociedad contemporánea. Además, el discurso del Bhagavad Gita sobre la naturaleza del yo y la esencia eterna del ser proporciona un punto de apoyo filosófico en una era marcada por el materialismo y las crisis existenciales.

Además, los principios de liderazgo y toma de decisiones que se explican en el Bhagavad Gita tienen importancia. El concepto de liderazgo iluminado, tal como se encarna en el consejo que el Señor Krishna le dio a Arjuna, ofrece lecciones invaluables para los líderes de diversos campos. El Bhagavad Gita promueve las virtudes de la empatía, el pensamiento estratégico y la guía compasiva, todos ellos atributos indispensables para un liderazgo eficaz en el mundo globalizado e interconectado de hoy.

Las enseñanzas del Bhagavad Gita sobre la unidad de toda la existencia y la hermandad universal son importantes para fomentar la armonía y la comprensión en una sociedad diversa y pluralista. En una era caracterizada por complejidades sociales y geopolíticas, el mensaje del Bhagavad Gita de trascender las fuerzas divisorias y abrazar la unidad tiene el potencial de inspirar el progreso colectivo y la cohesión social.

Capítulo III
LA VISIÓN DE VYASA SOBRE LA NATURALEZA DEL YO

Introducción al concepto de Atman:

El concepto de Atman, tal como se expone en el Bhagavad Gita, se encuentra en el corazón de la filosofía vedántica y la espiritualidad hindú. Comprender el Atman es fundamental para quienes buscan la autorrealización. El término Atman se refiere al yo verdadero, la esencia de un individuo que trasciende el cuerpo físico y la mente. Representa el núcleo inmutable y eterno del propio ser, más allá de las fluctuaciones del mundo material. La introducción al Atman establece la base fundamental para todas las indagaciones espirituales. Reconocer el Atman conduce a un cambio de perspectiva, en el que los individuos comienzan a percibirse a sí mismos como manifestaciones divinas en lugar de meras entidades mortales. Este cambio de conciencia constituye la piedra angular de diversas prácticas meditativas e introspectivas destinadas a conectarse con el yo superior.

Además, la comprensión del Atman fomenta un sentido de interconexión y unidad entre todos los seres, haciendo hincapié en que cada individuo comparte el mismo Atman o esencia divina. Al profundizar en el Atman, los buscadores obtienen conocimientos sobre la naturaleza de la existencia, el propósito de la vida y la interconexión de todos los seres vivos. La elucidación del Atman por parte de Vyasa proporciona a los buscadores un marco para contemplar las verdades universales encapsuladas en el Atman, redirigiendo su atención de las distracciones externas a la exploración interior. Tal contemplación alienta a las personas a embarcarse en un viaje interior, lo que les permite descubrir la sabiduría y la naturaleza eterna del Atman. Abrazar este concepto genera una sensación de paz, sabiduría y autorrealización, impulsando a las personas hacia un estado de plenitud espiritual.

En el Bhagavad Gita, el Atman representa el núcleo inmutable del ser, que no se ve afectado por los aspectos transitorios de la existencia. Su naturaleza eterna trasciende el nacimiento y la muerte, y permanece intacta ante el paso del tiempo. El Atman se describe como algo que está más allá de la decadencia, la muerte y la destrucción, por lo que tiene una conexión intrínseca con la conciencia universal. Esta cualidad subraya su importancia como la verdad inmutable en medio de los fenómenos siempre cambiantes del mundo manifestado.

La Comprensión del Atman a través de la autorreflexión:

A través de la autorreflexión, uno puede ahondar en las profundidades de su conciencia y contemplar la naturaleza del yo. Este proceso introspectivo permite a las personas explorar sus pensamientos, emociones y experiencias, lo que las lleva a reconocer la esencia subyacente del Atman. Es a través de la autorreflexión que uno comienza a discernir los aspectos transitorios de la existencia de la naturaleza eterna del Atman. Las enseñanzas de Vyasa enfatizan la importancia de la autorreflexión como un medio fundamental para obtener una visión de la verdadera naturaleza del yo. Al volverse hacia el interior y examinar contemplativamente las propias creencias, valores y funcionamiento interno, las personas pueden embarcarse en una búsqueda para revelar la realidad inmutable del Atman. La autoconciencia cultivada a través de la autorreflexión sirve como una herramienta poderosa para reconocer la distinción entre la forma física perecedera y la esencia imperecedera del Atman. Al participar en la autorreflexión, uno enfrenta las limitaciones e imperfecciones del mundo material, allanando el camino para una comprensión más profunda de la naturaleza trascendente del Atman.

Además, la autorreflexión fomenta un sentido de interconexión y unidad con la conciencia universal, alineando así a los individuos con la verdad del Atman. Este proceso de introspección exige una contemplación sostenida, disciplina y un compromiso inquebrantable para desentrañar los misterios del yo. Anima a los individuos a cuestionar sus identidades, roles y apegos para discernir la naturaleza del Atman que trasciende las ilusiones mundanas. A través de la autorreflexión, uno puede alcanzar claridad, paz interior y transformación espiritual, y finalmente comprender la divinidad intrínseca encarnada por el Atman.

Atman en relación con el cuerpo físico:

Según las enseñanzas de Vyasa, el Atman es la esencia eterna e inmutable del individuo, distinta de la forma física perecedera. Comprender la relación entre el Atman y el cuerpo físico es fundamental para comprender la naturaleza de la existencia y el propósito de la vida. El cuerpo, como lo expuso Vyasa, es simplemente un recipiente temporal para el Atman, que sirve como medio a través del cual este interactúa con el mundo material. Mientras el cuerpo atraviesa los ciclos de nacimiento, crecimiento, decadencia y muerte, el Atman permanece constante e inalterado. Esta marcada disparidad enfatiza la naturaleza transitoria del ser físico en contraste con la esencia del Atman.

Las enseñanzas de Vyasa también profundizan en la interconexión entre el Atman y el cuerpo físico, arrojando luz sobre cómo las acciones y experiencias del cuerpo influyen directamente en el viaje del Atman. Se enfatiza que el cuerpo es fundamental para permitir que el Atman cumpla con sus deberes kármicos en el reino mortal. El Atman utiliza el cuerpo físico como una herramienta para las acciones rectas, el crecimiento espiritual y el logro de la autorrealización. Esta interacción dinámica resalta el papel integral del cuerpo físico dentro del marco más amplio del viaje del Atman.

Además, el discurso de Vyasa sobre este tema aborda el impacto de los deseos y apegos del cuerpo sobre el Atman. El cuerpo humano, impulsado por las percepciones sensoriales y los antojos mundanos, a menudo genera deseos que pueden distraer al Atman de su divinidad inherente. Sin embargo, a través de la práctica disciplinada y la autoconciencia, las personas pueden alinear sus acciones corporales con los principios del dharma, armonizando así la relación entre el Atman y la forma física. Al hacerlo, uno trasciende las limitaciones de los deseos corporales, permitiendo que el Atman se dirija hacia la iluminación y la liberación.

Atman y Ego:

El Atman, al que a menudo se hace referencia como el verdadero yo o el alma, representa el aspecto eterno e inmutable de un individuo. Es la esencia del ser de uno, que no se ve afectada por la naturaleza transitoria del cuerpo físico ni por las fluctuaciones de la mente. Por otro lado, el ego es una construcción de la mente que se moldea a partir de las experiencias, las percepciones y las influencias sociales. Se caracteriza por el apego, los deseos y el sentido de identidad individual.

La distinción entre el Atman y el ego es fundamental para el crecimiento espiritual y la autorrealización. Comprender que el Atman está más allá del reino de los deseos y apegos impulsados por el ego es crucial para trascender las limitaciones del mundo material. Vyasa explica que el ego tiende a afirmarse a través de un falso sentido de autoimportancia y un apego a los resultados, mientras que el Atman permanece desapegado e imperturbable, presenciando el juego de la vida sin enredos. Reconocer el predominio del ego permite a las personas alinear conscientemente sus acciones con la conciencia del Atman, lo que conduce a un estado de armonía y pureza interior.

El Bhagavad Gita enfatiza la importancia de dominar la influencia del ego mediante la autodisciplina y la introspección, allanando así el camino hacia la realización de la naturaleza eterna del Atman. Al discernir la naturaleza transitoria del ego e identificarse con la esencia inmutable del Atman, las personas pueden alcanzar una sensación de liberación y paz interior. El dominio sobre el ego conduce a una mayor conciencia de la interconexión de todos los seres, fomentando la compasión y la empatía. A través de la contemplación y la introspección, uno puede desmantelar gradualmente las barreras impuestas por el ego y abrazar el brillo radiante del Atman.

El papel de la indagación interna en la realización del Atman:

El viaje hacia la autorrealización y la comprensión de la verdadera naturaleza del Atman implica un proceso de indagación interior. Este proceso implica ahondar en el interior de uno mismo para explorar la esencia del propio ser más allá de los reinos del mundo material. La indagación interior no es un mero ejercicio intelectual, sino una práctica espiritual que implica introspección, contemplación y meditación. Requiere una búsqueda sincera e incesante para discernir la esencia eterna del yo de las capas temporales del ego y de las influencias externas.

La introspección interior se facilita a través de diversas técnicas y metodologías antiguas prescritas en el Bhagavad Gita, entre las que se incluyen la autorreflexión, la conciencia plena y el cultivo de la quietud interior. Implica observar las fluctuaciones de la mente y las emociones, reconocer los patrones habituales de pensamiento y trascender gradualmente las creencias limitantes y los condicionamientos que ocultan la realización del Atman. A través de este proceso introspectivo, las personas comienzan a desentrañar las capas de ignorancia y conceptos erróneos, allanando el camino para una conexión más profunda con su verdadero Ser.

El papel de la indagación interior en la realización del Atman va más allá de la introspección personal. También implica buscar la guía de maestros espirituales, sabios y escrituras para lograr una comprensión más clara de la naturaleza del ser y el camino hacia la autorrealización. Al sumergirse en las enseñanzas del Bhagavad Gita y otros textos sagrados, los aspirantes pueden ampliar su perspectiva y recibir invaluables conocimientos que iluminan el camino de la indagación interior.

A medida que las personas avanzan en su exploración interior, desarrollan un mayor sentido de autoconciencia y sintonía con las energías sutiles que subyacen a su existencia. Esta conciencia cada vez más profunda les permite atravesar las capas de condicionamiento y los constructos sociales, lo que conduce a una alineación más auténtica y armoniosa con el Atman. En consecuencia, las personas se anclan en un estado de tranquilidad y claridad interior, lo que fomenta un sentido y un propósito en sus vidas.

Atman como fuente de conciencia:

El Atman representa el aspecto inmutable y eterno del ser, que trasciende los reinos físico y mental. El Bhagavad Gita postula que el Atman no está limitado por las limitaciones del tiempo, el espacio o las circunstancias, sino que existe como una presencia ubicua que impregna a todos los seres sintientes. A través de la lente de la sabiduría de Vyasa, el Atman encarna la forma más pura de conciencia, no contaminada por influencias externas o emociones fugaces. Además, el Atman es considerado el testigo eterno, que observa silenciosamente el flujo y reflujo de las experiencias sin apego. Esta cualidad inherente subraya su papel como fuente de conciencia, actuando como el sustrato del que emergen todas las percepciones, pensamientos y sensaciones.

Según las enseñanzas de Vyasa, comprender al Atman como fuente de la conciencia es fundamental para trascender la naturaleza ilusoria del mundo material y alcanzar así la verdadera iluminación. Al reconocer la conexión indisoluble del Atman con la conciencia, podemos empezar a percibir la interacción entre las manifestaciones transitorias de la mente y la esencia inmutable de su verdadero ser. Esta comprensión conduce a un cambio de perspectiva, fomentando un sentido de desapego de las experiencias sensoriales efímeras a la vez que nutre una conciencia más profunda de la naturaleza inmortal de la conciencia.

Además, el Bhagavad Gita expone la interconexión de la conciencia derivada del Atman entre todos los seres vivos, haciendo hincapié en la unidad y la empatía como principios fundamentales. Las ideas de Vyasa recuerdan a los buscadores que, al reconocer la manifestación universal del Atman como conciencia, pueden cultivar la compasión y la comprensión hacia los viajes de los demás.

El viaje hacia la experiencia del Atman:

El Bhagavad Gita profundiza en el viaje de la experiencia del Atman, el verdadero ser que reside en todos los seres. Este viaje no es una mera búsqueda física o intelectual; requiere una transformación y una realización internas. El Bhagavad Gita enfatiza que el camino para experimentar el Atman implica trascender las ilusiones del mundo material y reconocer la propia divinidad interior. Es un viaje transformador que requiere un cambio de conciencia y una comprensión profunda de la propia naturaleza verdadera.

En este viaje es fundamental la práctica de la autoconciencia y la introspección. El Bhagavad Gita enseña que, al mirar hacia el interior y participar en la autorreflexión, las personas pueden desprenderse de las capas de condicionamiento y de falsa identificación para revelar la esencia eterna del Atman. Este proceso de autoindagación y contemplación conduce a una mayor conciencia del verdadero yo más allá de los aspectos transitorios de la existencia.

Además, el camino hacia la experiencia del Atman implica el cultivo de virtudes como la humildad, la compasión y el altruismo. El Bhagavad Gita subraya que, al adoptar estas cualidades, las personas pueden alinearse con la naturaleza divina del Atman, fomentando una conexión más profunda con la conciencia universal. A través de actos de servicio, devoción y acción recta, los practicantes emprenden un camino que los lleva hacia la realización directa del Atman.

Además, el Bhagavad Gita explica que el viaje hacia la experiencia del Atman requiere la práctica de la meditación y la atención plena. Al aquietar las fluctuaciones de la mente y alcanzar la quietud interior, las personas pueden acceder a las profundidades de su ser y percibir la presencia luminosa del Atman. A través de la meditación, uno puede trascender las limitaciones del ego y conectarse con la fuente eterna de conciencia que impregna toda la existencia.

El camino hacia la experiencia del Atman también se caracteriza por la guía de enseñanzas iluminadas y mentores espirituales. El Bhagavad Gita enfatiza la importancia de buscar la sabiduría de sabios y gurús que han realizado el Atman dentro de sí mismos. Su guía y el conocimiento impartido sirven como faros que iluminan el camino para los buscadores, ofreciendo perspectivas y prácticas invaluables que facilitan la experiencia directa del Atman.

Capítulo IV
ACCIÓN E INACCIÓN

Nishkama Karma - La filosofía de la acción desinteresada:

El Nishkama Karma, tal como se describe en el Bhagavad Gita, encarna la filosofía de la acción desinteresada. En esencia, este concepto explica los principios de cumplir con los deberes propios sin apegarse a los frutos de esas acciones. Encapsula la creencia de que una persona debe centrarse en cumplir con sus responsabilidades con sinceridad y habilidad, sin ansias ni aversión por los resultados. Esta filosofía profundiza en la comprensión de que la intención detrás de una acción tiene una importancia primordial, trascendiendo la mera ejecución de tareas.

Al practicar Nishkama Karma, uno aprende a desapegarse de los deseos personales y los motivos egocéntricos, adoptando así una mentalidad de altruismo y servicio. La exploración matizada de esta doctrina revela que el verdadero espíritu de acción reside en renunciar al apego a los resultados, fomentando así un sentido de liberación interior y evolución espiritual. Comprender Nishkama Karma implica ahondar en las dimensiones éticas y morales de la conducta humana, descifrando las implicaciones de actuar con absoluto desapego. Incita a las personas a contemplar el significado subyacente de sus acciones, destacando el poder transformador del altruismo y la devoción al deber.

Para aceptar el karma Nishkama es necesario realizar una profunda introspección sobre la naturaleza del deseo y las implicaciones del apego, lo que en última instancia nos lleva hacia un camino de autotrascendencia y purificación interior. Mediante un análisis exhaustivo de esta filosofía, las personas pueden cultivar una mentalidad libre de la esclavitud de las ganancias y pérdidas personales, elevando así su conciencia a planos espirituales superiores.

La esencia de la ausencia de deseos:

El deseo ha sido reconocido como un aspecto fundamental de la naturaleza humana, que impulsa a las personas hacia sus metas y ambiciones. Sin embargo, el Bhagavad Gita introduce el concepto de ausencia de deseos, enfatizando la importancia de estar libre de apegos. La ausencia de deseos representa la capacidad de actuar sin dejarse llevar por motivaciones personales o deseos impulsados por el ego. Este estado de libertad interior permite a las personas emprender acciones desinteresadamente, sin buscar ganancias o reconocimiento personal.

En las enseñanzas del Bhagavad Gita, la ausencia de deseos se presenta como un camino hacia el crecimiento espiritual y la liberación de los ciclos de sufrimiento. La esencia de la ausencia de deseos reside en trascender el ego y el deseo incesante de gratificación. Al renunciar al apego a los resultados de nuestras acciones, alcanzamos un sentido de ecuanimidad y paz interior. Esta comprensión permite a las personas afrontar los desafíos de la vida con gracia y resiliencia.

El Bhagavad Gita subraya que la ausencia de deseos no implica pasividad o indiferencia, sino que fomenta un compromiso proactivo con el mundo, basado en un profundo sentido del deber y la rectitud. Cultivar la ausencia de deseos requiere introspección y autoconciencia. Implica reconocer la naturaleza transitoria de las actividades mundanas y redirigir la atención hacia la búsqueda de la realización espiritual. Mediante este cambio transformador de mentalidad, las personas se liberan del ciclo incesante de ansia y aversión, y adoptan una conexión con la conciencia universal.

La práctica de la ausencia de deseos está entretejida en la estructura de varias tradiciones espirituales y sirve como principio rector de la conducta ética y moral. Sus implicaciones prácticas se extienden al ámbito de las relaciones, el trabajo y las responsabilidades sociales, fomentando la armonía y el altruismo. Su esencia impregna cada dimensión de la existencia humana y ofrece un potente antídoto contra las aflicciones del egoísmo y la codicia. Al encarnar este principio, los individuos encarnan las virtudes más elevadas de la compasión, el altruismo y la integridad.

El dilema de Arjuna - Acción y deber:

En el Bhagavad Gita, Arjuna se encuentra en el centro de una crisis moral y existencial en el campo de batalla de Kurukshetra. Mientras se enfrenta a sus parientes y a sus venerados ancianos que se encuentran en el bando contrario, la duda y la desesperación se apoderan de su conciencia. El diálogo que sigue entre Arjuna y el Señor Krishna capta la esencia de esta lucha interna: un conflicto entre cumplir con el deber de un guerrero y las implicaciones éticas de tomar las armas contra sus propios parientes. Este momento crucial de la escritura refleja el dilema universal de equilibrar el deber con los principios morales superiores.

El texto profundiza en las capas de angustia de Arjuna, mientras lidia con cuestiones de rectitud, moralidad y las consecuencias de sus acciones. Su contemplación refleja el eterno predicamento humano, mostrando la red de dilemas que enfrentan los individuos en su búsqueda de la rectitud y el propósito. A través de un análisis textual, desenterramos los matices del dilema de Arjuna, diseccionando las dimensiones psicológicas, éticas y filosóficas inherentes a su agitación.

Además, la exploración de la difícil situación de Arjuna sirve como espejo de nuestros propios conflictos internos y dilemas éticos. Nos invita a la introspección sobre la naturaleza de nuestras responsabilidades, las opciones éticas que enfrentamos y las complejidades de vivir el curso del deber frente a los escrúpulos morales. Los matices del dilema de Arjuna ofrecen una perspectiva de la propia condición humana, proporcionando un rico tapiz para la contemplación ética y filosófica.

A medida que nos enfrentamos a la agitación interior de Arjuna, nos enfrentamos al debate sobre la santidad del deber y los imperativos morales que lo gobiernan. El texto delinea meticulosamente las emociones conflictivas que atormentan la psique de Arjuna y la sutil interacción entre la acción y la inacción que sustenta su crisis. A través de este intenso escrutinio, logramos comprender el equilibrio entre las responsabilidades mundanas y la rectitud espiritual.

La renuencia de Arjuna a entrar en batalla encarna los temores que a menudo asedian a las personas cuando se enfrentan a circunstancias desafiantes que exigen una acción decisiva. Su conflicto interno encapsula la lucha perenne entre la adhesión al deber y las implicaciones éticas percibidas de tales deberes. A través de un análisis empático y meticuloso de la difícil situación de Arjuna, profundizamos en la compleja dinámica de la toma de decisiones éticas y los matices del cumplimiento de las propias responsabilidades.

Inacción en acción, acción en inacción:

En el Bhagavad Gita, el Señor Krishna explica que, mientras estamos ocupados en la acción, podemos alcanzar un estado de inacción y, de manera similar, en momentos de contemplación aparentemente inactiva, podemos estar realizando la mayor parte de la acción. Este concepto paradójico desafía las concepciones convencionales de la productividad y la ociosidad, y ofrece una visión más profunda de la naturaleza del karma.

Las enseñanzas del Bhagavad Gita enfatizan que la verdadera inacción no implica abstenerse de toda actividad, sino más bien denota una actitud de desapego a los resultados de nuestras acciones. Alienta a las personas a realizar sus deberes con total dedicación y sinceridad, pero renunciando al deseo de obtener resultados específicos. Este enfoque libera a la persona de la búsqueda incesante del beneficio personal y permite el servicio desinteresado, lo que conduce a una sensación de plenitud interior y armonía.

Además, el texto explora el concepto de acción en la inacción, destacando la importancia de la contemplación interna y la atención plena en medio de la quietud externa. Defiende que al cultivar un estado de equilibrio y conciencia internos, las personas pueden participar en la forma más significativa de acción: la transformación interna. Este proceso transformador implica introspección, autodescubrimiento y el cultivo de virtudes como la compasión, la empatía y la sabiduría.

La resolución de esta aparente contradicción tiene implicaciones para la vida moderna. En el acelerado y competitivo mundo actual, el concepto de Nishkama Karma ofrece un marco convincente para abordar el estrés, la ansiedad y la búsqueda incesante del éxito material. Al integrar la sabiduría del Bhagavad Gita, las personas pueden abordar sus esfuerzos profesionales y personales con un espíritu de desapego, lo que conduce a una existencia más equilibrada y plena.

Además, la noción de acción en la inacción sirve como un recordatorio conmovedor de que debemos priorizar el cuidado personal, la contemplación y el bienestar mental. En una era dominada por la estimulación constante y las exigencias externas, las enseñanzas del Bhagavad Gita nos instan a encontrar consuelo en momentos tranquilos de reflexión y meditación, reconociendo el inmenso valor del crecimiento interno junto con los logros externos.

Mitos comunes sobre la acción no vinculada:

A lo largo de los siglos han persistido conceptos erróneos e interpretaciones erróneas del concepto de acción desapego, lo que ha provocado confusión y malentendidos entre quienes intentan comprender su significado. Un mito común es la creencia de que practicar Nishkama Karma implica un retiro del mundo, una aceptación pasiva de las circunstancias sin ningún compromiso proactivo. Esta idea errónea surge de una comprensión limitada del desapego, que no tiene que ver con la desvinculación, sino con el cumplimiento de los deberes propios sin dejarse consumir por deseos o apegos personales. Otro mito muy extendido es la noción de que Nishkama Karma aboga por la indiferencia o la apatía hacia el resultado de las propias acciones. Sin embargo, la verdad es que alienta a las personas a dar lo mejor de sí mismas y a renunciar al apego a los frutos de su trabajo, fomentando así una sensación de ecuanimidad y de libertad frente a la agitación emocional. Además, algunas personas perciben erróneamente el Nishkama Karma como una forma de escapismo, interpretándolo como una excusa para la inacción o la evasión de responsabilidades. En realidad, la filosofía enfatiza la necesidad de participar activamente en el mundo, cumpliendo con las obligaciones propias con un espíritu desinteresado y centrándose en el bien común. Además, existe una falacia generalizada de que Nishkama Karma promueve la falta de ambición o impulso, lo que sugiere que las personas que siguen este camino se volverán complacientes y poco ambiciosas. Por el contrario, la práctica de Nishkama Karma inspira a las personas a perseguir la excelencia y el éxito en sus esfuerzos, al tiempo que redirige sus motivaciones hacia objetivos virtuosos y altruistas. Por último, otro concepto erróneo es la creencia de que Nishkama Karma conduce al desapego de las relaciones y las conexiones emocionales, creando una imagen de distanciamiento y aislamiento. En verdad, la filosofía fomenta las interacciones significativas y compasivas, abogando por el amor y la empatía, al tiempo que se abstiene de enredarse en la posesividad o la dependencia.

Capítulo V
LA LEY DE CAUSA Y EFECTO

El Karma y su Principio Cósmico:

El karma es un concepto filosófico que representa la ley de causa y efecto que rige los reinos moral y espiritual. Con raíces en la antigua filosofía hindú, el karma engloba la idea de que cada acción, ya sea física, mental o emocional, tiene una reacción correspondiente que repercute en todo el universo. Este principio cósmico constituye la base de la comprensión ética y espiritual, y moldea las circunstancias presentes y el destino futuro del individuo.

El concepto de karma enfatiza la responsabilidad personal y la obligación de rendir cuentas por las propias acciones, promoviendo la introspección y la conducta deliberada. Subraya la interconexión de todos los seres vivos y la interacción dinámica entre las acciones y sus consecuencias. Comprender el karma facilita el reconocimiento de la vida como una red de eventos y elecciones interconectadas. Además, ofrece conocimientos sobre la naturaleza del sufrimiento, la felicidad y el propósito último de la existencia humana.

Al contemplar las implicaciones de este principio cósmico, se anima a las personas a cultivar la atención plena y el discernimiento en sus pensamientos, palabras y acciones, y así dirigir el curso de su destino. A través de esta exploración, el practicante obtiene una comprensión más profunda de los fundamentos éticos del karma y sus implicaciones de largo alcance. La noción de karma impregna varias facetas de la experiencia humana, abarcando las relaciones interpersonales, la dinámica social y la búsqueda de la iluminación individual. Como tal, sirve como principio rector para experimentar las complejidades de la vida y reconocer las repercusiones inherentes de las propias decisiones.

La interpretación del karma de Vyasa en el Bhagavad Gita:

En el Bhagavad Gita, Vyasa describe el karma no sólo como acciones individuales y sus repercusiones, sino como una ley cósmica que lo abarca todo y que gobierna el universo. Explica cómo cada acción, ya sea física, mental o emocional, genera una cadena de causas y efectos que crea la red del karma que une a todos los seres. Vyasa enfatiza que la comprensión del karma es fundamental para la evolución espiritual, ya que sienta las bases para comprender la propia realidad existencial y el camino hacia la liberación.

Además, Vyasa profundiza en el concepto de "Nishkama Karma", elucidando la filosofía de la acción desinteresada. Articula que cumplir con el deber sin apego a los frutos de las acciones purifica la mente y conduce a la elevación espiritual. La interpretación de Vyasa subraya el potencial transformador del karma cuando se realiza con un sentido de dharma y desapego, trascendiendo el ciclo de nacimiento y muerte.

El Bhagavad Gita revela además la visión de Vyasa sobre la interacción entre el karma y el libre albedrío, subrayando el papel fundamental de la acción humana en la conformación de nuestro destino. La interpretación de Vyasa ilumina la danza entre la elección individual y el orden cósmico, haciendo hincapié en la responsabilidad moral inherente al ejercicio del libre albedrío. Esta comprensión matizada del karma permite a las personas alinear sus acciones con la rectitud, trazando así un camino noble hacia la autorrealización.

Además, Vyasa expone la idea de "Karma Phala" (los frutos de las acciones) y destaca las implicaciones éticas de cosechar las consecuencias de las propias acciones. A través de conmovedoras narraciones y metáforas, Vyasa transmite el impacto del karma en la evolución de la conciencia, tejiendo un tapiz de sabiduría que resuena en los buscadores en su búsqueda de la trascendencia.

Karma Yoga - El camino de la acción desinteresada:

El karma yoga, tal como lo expone Vyasa en el Bhagavad Gita, expone la idea de que las personas pueden alcanzar la realización espiritual mediante la acción desinteresada, desprovista de todo apego al fruto de sus acciones. En esencia, el karma yoga aboga por el cumplimiento de los deberes con intenciones puras, sin dejarse llevar por las ganancias o los deseos personales. Hace hincapié en la entrega de las propias acciones a un principio superior o a lo divino, trascendiendo así las búsquedas impulsadas por el ego y fomentando un sentido de interconexión con el universo. A través de este camino transformador, las personas buscan alinear sus acciones con el orden cósmico mayor, cumpliendo con sus obligaciones con una devoción y una sinceridad inquebrantables.

En esencia, el karma yoga sirve como un medio para purificar la mente y cultivar una actitud altruista y desinteresada hacia la vida. Las ideas de Vyasa sobre el karma yoga subrayan la importancia primordial de participar desinteresadamente en los deberes propios, independientemente de la naturaleza de la tarea o de su importancia percibida. Según Vyasa, cada acción, ya sea mundana o extraordinaria, conlleva el potencial de evolución espiritual cuando está imbuida del espíritu de desinterés y dedicación. Al realizar sus deberes sin apego a los resultados, las personas pueden elevar su conciencia y progresar en el camino del crecimiento espiritual.

Además, el karma yoga inculca la virtud de la empatía y la compasión, animando a las personas a empatizar con las experiencias de los demás y a contribuir al bienestar de la comunidad en general. Este enfoque desinteresado de la acción fomenta un entorno de armonía y apoyo mutuo, sentando las bases para una sociedad más inclusiva y benévola. Las enseñanzas de Vyasa sobre el karma yoga trascienden las fronteras religiosas y ofrecen un marco universal para llevar una vida con propósito y significado en la que las personas puedan descubrir la satisfacción y la paz interior, trascendiendo el atractivo efímero de las búsquedas materiales.

La interacción entre el karma y el dharma:

El dharma, que suele traducirse como deber o rectitud, proporciona el marco ético y moral dentro del cual se espera que actúen los individuos. Abarca no sólo los deberes y responsabilidades personales, sino también el orden social y cósmico más amplio. En esencia, el dharma sirve como principio rector para una vida recta y para mantener la armonía universal.

En el contexto del karma, el dharma desempeña un papel crucial a la hora de determinar la naturaleza y las consecuencias de las acciones de una persona. El concepto de acción correcta que prescribe el dharma influye en la huella kármica que una persona acumula a través de sus actos. Al alinear sus acciones con los principios del dharma, una persona no solo cumple con sus obligaciones morales, sino que también moldea su trayectoria kármica de una manera positiva y constructiva.

La exposición de Vyasa sobre la interacción entre el karma y el dharma profundiza en la conducta ética y sus repercusiones dentro del ciclo de causa y efecto. A través de las enseñanzas del Bhagavad Gita, Vyasa articula la importancia de adherirse al dharma mientras se realizan los deberes prescritos, enfatizando la coexistencia armoniosa de estos dos conceptos fundamentales.

Además, el Bhagavad Gita explica cómo el dharma actúa como una brújula que guía a las personas que experimentan las complejidades de la vida, ofreciendo claridad en medio de dilemas morales y desafíos existenciales. Subraya la idea de que mantener el dharma conduce a la acumulación de karma virtuoso, que en última instancia moldea la evolución espiritual del individuo y contribuye al orden cósmico mayor.

Además, la interacción entre el karma y el dharma se extiende más allá del ámbito de la conducta personal y abarca la conciencia colectiva de la sociedad. La conducta ética de cada individuo contribuye colectivamente al mantenimiento del dharma dentro del tejido social, influyendo así en la dinámica kármica general de las comunidades y las civilizaciones.

Consecuencias y precedentes - Entendiendo el Samsara:

El samsara, la naturaleza cíclica de la existencia, impregna la filosofía hindú y tiene una enorme importancia para comprender las consecuencias y los precedentes del karma. Este concepto profundiza en el ciclo eterno de nacimiento, vida, muerte y renacimiento que se cree que atraviesan todos los seres vivos. En el contexto del samsara, cada acción, ya sea física, mental o espiritual, da forma a la trayectoria de la existencia de un individuo a lo largo de sucesivas vidas. Las acciones positivas, guiadas por la intención recta y el altruismo, allanan el camino para una trayectoria favorable en el samsara, que conduce a la evolución espiritual y la liberación final. Por el contrario, las acciones negativas, impulsadas por la ignorancia y los deseos egoístas, perpetúan el ciclo de sufrimiento y renacimiento, lo que da como resultado la trampa en la implacable rueda del samsara.

Además, el samsara sirve como un potente recordatorio de la impermanencia y la naturaleza transitoria de los placeres mundanos y las búsquedas materiales. Subraya la naturaleza efímera de la existencia humana, haciendo hincapié en la futilidad de buscar la satisfacción eterna en experiencias transitorias. A través de esta comprensión, se anima a las personas a trascender el atractivo de los placeres fugaces y, en cambio, dirigir su atención hacia la búsqueda del crecimiento espiritual, la iluminación y la liberación del ciclo del samsara.

Las enseñanzas de Vyasa aclaran el papel fundamental del samsara en la configuración del propio viaje espiritual, inculcando un sentido de responsabilidad por las propias acciones y decisiones. Al comprender las ramificaciones del samsara, las personas se ven impulsadas a vivir conscientemente, a comportarse éticamente y a cultivar virtudes que se alinean con el camino del dharma. Esta integración de la vida virtuosa con una comprensión profunda del samsara crea un paradigma transformador que impulsa a los buscadores hacia el objetivo último de moksha, la liberación del ciclo perpetuo de nacimiento y muerte.

En esencia, comprender el samsara no solo aumenta la conciencia de las consecuencias del karma, sino que también sirve como catalizador para la introspección, fomentando un cambio de conciencia. A través de una comprensión profunda del samsara, podemos enfrentar el laberinto cósmico de causa y efecto con discernimiento, y así dirigir nuestro destino hacia la culminación sublime de la emancipación espiritual.

Karma vs. Destino:

En el debate entre el karma y el destino, muchas tradiciones filosóficas y espirituales han abordado la relación entre el libre albedrío y los resultados predeterminados. En el contexto del Bhagavad Gita, Vyasa presenta una exploración de este enigma. El karma, a menudo entendido como la ley de causa y efecto, constituye la base de las acciones individuales y sus consecuencias. Es la idea de que nuestras circunstancias actuales están determinadas por nuestras acciones y elecciones pasadas. Este concepto a veces puede llevar a una visión determinista de la vida, en la que los individuos se sienten impotentes ante el desarrollo de los acontecimientos. Sin embargo, Vyasa arroja luz sobre el significado más profundo del karma, haciendo hincapié en el papel fundamental de la intención y la acción consciente en la configuración del propio destino.

En contraposición a las nociones tradicionales sobre el destino, el Bhagavad Gita expone la idea del "karma-phala" o fruto de la acción, que es distinto de un destino impuesto externamente. Según las enseñanzas de Vyasa, si bien ciertos acontecimientos pueden estar predeterminados por fuerzas cósmicas, los individuos poseen la capacidad de responder a esos acontecimientos con discernimiento y aplomo. Este punto de vista se alinea con la noción del karma yoga, en el que uno reconoce la interconexión de las acciones y acepta la responsabilidad por sus implicancias morales inherentes. Al cultivar la autoconciencia y la conducta ética, los individuos pueden trascender las limitaciones del mero destino y participar activamente en la co-creación del desarrollo de su vida.

Además, el Bhagavad Gita propone que el compromiso de un individuo con la acción recta puede generar mérito kármico positivo, influyendo así en los resultados futuros. A través de la práctica del dharma y la búsqueda de la transformación interior, uno puede moldear su destino con sabiduría y virtud, en lugar de resignarse a un curso preestablecido. El texto enfatiza la idea de que si bien el destino puede presentar ciertos desafíos u oportunidades, es en última instancia la respuesta del individuo a estas circunstancias la que determina la trayectoria de su vida. Esto captura la esencia de las enseñanzas del Bhagavad Gita sobre el karma, que afirma la capacidad innata de cada individuo para trascender el dominio de las fuerzas deterministas y crear su realidad a través de una vida consciente y virtuosa.

En esencia, la exposición de Vyasa sobre el karma versus el destino disipa el mito de un destino externo e inmutable y destaca el potencial transformador de la acción humana. Invita a la contemplación sobre la delicada interacción entre el orden cósmico y la elección personal, guiando a las personas hacia una comprensión más profunda de su papel en la configuración de sus propios destinos.

El papel de la intención en el marco ético del karma:

Según las enseñanzas de Vyasa, las acciones no se juzgan únicamente por sus resultados externos, sino también por las motivaciones que las sustentan. La intención determina las implicaciones éticas del karma, ya que refleja la pureza o impureza del estado mental de una persona. Esto coincide con la comprensión de que el karma no se trata solo de los efectos visibles de las acciones, sino también de la disposición interna de la que surgen esas acciones.

Vyasa explica que la intención detrás de una acción determina su significado kármico. Una intención pura y desinteresada, impulsada por la compasión y el deseo de servir a los demás, genera karma positivo, que conduce al progreso espiritual y la purificación interior. Por el contrario, las acciones arraigadas en el ego, la codicia o la malevolencia crean karma negativo, que perpetúa el ciclo de sufrimiento y enredo en la existencia mundana. Por lo tanto, el marco ético del karma enfatiza el cultivo de intenciones nobles como un medio para elevar la conciencia individual y contribuir al bienestar colectivo de la sociedad.

Además, Vyasa profundiza en el concepto de "karma phala" o el fruto de la acción, haciendo hincapié en que el valor moral de una acción está vinculado a la intención subyacente, más que solo a sus consecuencias externas. Esto subraya la complejidad ética del karma, desafiando a las personas a realizar una introspección profunda antes de emprender cualquier acción, reconociendo que sus intenciones influyen profundamente en las repercusiones kármicas de esas acciones.

Para abordar las complejidades éticas del karma, Vyasa expone la importancia de la autoconciencia y la atención plena. Al ser conscientes de sus intenciones, las personas pueden discernir las implicaciones éticas de sus acciones y tomar decisiones alineadas con la rectitud y el crecimiento espiritual. Esta mayor conciencia sirve como principio rector de la conducta ética, instando a las personas a evaluar constantemente la pureza de sus intenciones y a realinearlas con los caminos virtuosos cuando sea necesario.

Superar la esclavitud del karma a través del conocimiento:

El concepto de superar la esclavitud del karma a través del conocimiento profundiza en la idea de que la verdadera comprensión y la sabiduría pueden liberar a los individuos de los enredos de los ciclos kármicos. Vyasa, a través de su esclarecedora interpretación del Bhagavad Gita, enfatiza el poder transformador del conocimiento para liberarse de los patrones repetitivos de causa y efecto.

El Bhagavad Gita explica que la ignorancia es la causa fundamental de la esclavitud al karma. Cuando las personas ignoran la verdadera naturaleza del ser y el orden divino, quedan atrapadas en la red de las acciones y sus consecuencias. Sin embargo, a través del conocimiento, uno obtiene claridad sobre la naturaleza efímera de los asuntos mundanos y la esencia eterna del ser, lo que conduce a una sensación de desapego de los resultados de las acciones.

Además, el texto destaca la distinción entre jnana (conocimiento) y avidya (ignorancia), haciendo hincapié en que la verdadera percepción surge del discernimiento de la unidad subyacente y la interconexión de toda la existencia. Esta conciencia permite a los individuos reconocer su divinidad intrínseca y trascender el impacto limitante de las acciones pasadas. Al cultivar el discernimiento y darse cuenta de la naturaleza ilusoria de las búsquedas materiales, los aspirantes pueden atenuar gradualmente la influencia vinculante del karma.

Vyasa subraya el potencial transformador de la autorrealización, que permite a las personas actuar con equilibrio, sin verse afectadas por las dualidades del placer y el dolor, el éxito y el fracaso. A través de la asimilación del conocimiento espiritual, uno adquiere la visión para realizar acciones en consonancia con el dharma, sin apego ni aversión. Este enfoque armonioso mitiga la acumulación de nuevas huellas kármicas y fomenta la armonía y el equilibrio internos.

Además, la sabiduría impartida en el Bhagavad Gita alienta a los buscadores a trascender el ciclo de nacimiento y muerte trascendiendo la influencia del karma. Al comprender la naturaleza transitoria del cuerpo físico e identificarnos con el ser inmortal, podemos alcanzar la liberación del ciclo repetitivo del samsara. Esta comprensión conduce a la disolución de las deudas kármicas, allanando el camino hacia la libertad definitiva y la unión con lo divino.

Capítulo VI
LA DEVOCIÓN COMO CAMINO HACIA LO DIVINO

Bhakti Yoga y los principios fundamentales de la devoción:

El Bhakti Yoga, a menudo denominado el yoga de la devoción, tiene un rico trasfondo histórico profundamente arraigado en las antiguas tradiciones espirituales de la India. Sus orígenes se remontan al Bhagavad Gita y los Vedas, donde se hace hincapié en la práctica de cultivar el amor incondicional y la devoción hacia lo divino como un medio poderoso para alcanzar la liberación espiritual. El término "bhakti" en sí mismo se deriva de la palabra sánscrita que significa "devoción" o "amor", y encapsula una forma de reverencia y adoración por lo divino.

En esencia, el Bhakti Yoga anima a las personas a cultivar un amor profundo e inquebrantable por lo divino, trascendiendo los límites de la adoración ritualista y las formalidades. El principio central del Bhakti Yoga es la expresión sincera y sin reservas de amor y adoración hacia la realidad última, que puede adoptar diversas formas en función de las inclinaciones y creencias de cada individuo. Este amor no es simplemente una emoción sentimental, sino un sentido de interconexión y devoción que impregna todos los aspectos de la vida.

A través del compromiso inquebrantable con el objeto de devoción, los practicantes buscan alcanzar la unidad con lo divino y, en última instancia, liberarse del ciclo de nacimiento y muerte. El principio fundamental del Bhakti Yoga reside en la idea del amor desinteresado, en el que los devotos ofrecen sus acciones, pensamientos y emociones a lo divino sin ninguna expectativa de ganancia o recompensa personal. Esta dedicación desinteresada fomenta un profundo sentido de entrega y humildad, que permite a las personas trascender su ego y fundirse con la presencia divina.

Además, la práctica del Bhakti Yoga enfatiza la importancia de cultivar virtudes como la compasión, la bondad y la empatía, extendiendo el amor que uno siente por lo divino a todos los seres. Esta expansión del amor más allá de los límites de la identidad personal fomenta un sentido de conexión e interdependencia universal, alimentando así una visión del mundo armoniosa e inclusiva. Otro principio fundamental del Bhakti Yoga es la importancia de las prácticas espirituales regulares como la oración, el canto y la meditación para nutrir y fortalecer la devoción.

Estas prácticas sirven como métodos para centrar la mente y elevar la conciencia, creando una comunión íntima con lo divino. Además, el camino del Bhakti Yoga subraya el poder transformador del amor y la devoción, guiándonos para purificar nuestros corazones y mentes, promoviendo así la armonía interior y el crecimiento espiritual.

El papel de la emoción y la entrega en la práctica espiritual:

En la práctica del Bhakti Yoga, el papel de la emoción y la entrega es fundamental. La emoción actúa como una fuerza poderosa que impulsa al devoto hacia una conexión más profunda con lo divino. Es a través de la expresión de emociones genuinas como el amor, la devoción y la adoración que uno puede entregarse verdaderamente a la voluntad de lo divino. Las emociones actúan como un combustible que enciende el fuego de la devoción dentro del corazón, llevando al practicante en un viaje de amor desinteresado y fe inquebrantable. La práctica de la entrega en Bhakti Yoga implica dejar de lado el ego y abrazar la humildad, reconociendo que el control último está en manos de lo divino. Esta entrega no es un acto de debilidad, sino más bien una elección consciente de renunciar a la ilusión de control y depositar la confianza en la sabiduría del poder superior. Es a través de la liberación de los deseos y apegos personales que el devoto se abre a recibir la gracia y las bendiciones de lo divino. El Bhagavad Gita, tal como lo explica Vyasa, enfatiza el poder transformador de la entrega emocional, enseñando que la verdadera liberación proviene de ofrecer de todo corazón las emociones y acciones a lo divino sin apego a los resultados. A través del proceso de entrega, el individuo trasciende las limitaciones del ego y se fusiona con la conciencia universal, experimentando una sensación de unidad con lo divino. Este sublime estado de entrega emocional conduce a la paz interior, la alegría y un profundo sentido de interconexión con toda la creación. En esencia, la práctica del Bhakti Yoga alienta al devoto a cultivar una relación sincera con lo divino, permitiendo que las emociones sirvan como un puente que une al espíritu humano con la fuente infinita de amor y compasión.

La relación entre el devoto y lo divino:

La relación entre el devoto y el Dios enfatiza la conexión íntima y el amor que existe entre un individuo y la fuerza cósmica universal. En esta relación sagrada, el devoto percibe a la Divinidad no como una entidad distante y abstracta, sino como una presencia personal que responde a su devoción y amor. Este vínculo se caracteriza por una profunda reverencia, confianza y entrega emocional. El devoto reconoce la omnipresencia de la Divinidad y busca cultivar un sentido de cercanía a través de la oración, la adoración y el servicio desinteresado. A través de este vínculo enriquecedor, el devoto experimenta un sentido de interconexión, encontrando consuelo e inspiración en la compañía inquebrantable de la Divinidad. Además, la relación entre el devoto y la Divinidad es de reciprocidad, donde el devoto ofrece adoración y servicio sinceros, y la Divinidad responde con amor, guía y gracia. Esta dinámica recíproca fomenta un profundo sentido de seguridad y propósito, reforzando la fe y la devoción del devoto. Además, la tradición Bhakti exalta la noción de comunión divina, en la que el devoto anhela la unión con el Ser Supremo, trascendiendo la identidad individual y fundiéndose con la esencia eterna e ilimitada de lo Divino. Este anhelo de unidad absoluta genera un fervor espiritual que impulsa al devoto hacia la autotrascendencia y la liberación de los apegos mundanos. En última instancia, la relación entre el devoto y lo Divino encarna la esencia del amor incondicional, lo que subraya el poder transformador del Bhakti Yoga al nutrir una conexión con la fuente divina de toda la existencia.

Etapas de la devoción:

La devoción, tal como se la propone en el Bhakti Yoga, es un viaje transformador que abarca varias etapas, cada una de las cuales lleva al practicante más cerca del estado supremo de amor absoluto por lo Divino. La etapa inicial de la devoción suele comenzar con una semilla de fe, que puede estar inspirada por la educación religiosa, las experiencias espirituales o la exposición a las enseñanzas de sabios. Esta fe naciente sirve como catalizador para una mayor exploración y práctica dentro del ámbito del Bhakti Yoga.

A medida que el individuo profundiza en la práctica del Bhakti Yoga, la segunda etapa se desarrolla en forma de un intenso anhelo o deseo de lo Divino. Este anhelo alimenta el deseo del buscador de conectarse con el objeto de devoción, que a menudo toma la forma de oraciones sinceras, rituales y actos de servicio dedicados a lo Divino. Este ferviente anhelo se convierte en una fuerza impulsora que impulsa al practicante a lo largo del camino de la devoción.

La tercera etapa marca el florecimiento del amor y la adoración por lo Divino. En este punto, el practicante trasciende las prácticas puramente ritualistas y comienza a cultivar una profunda conexión emocional con lo Divino. Este amor se vuelve omnipresente, impregnando cada faceta del ser del devoto y engendrando un sentido de unidad con lo Divino. Este amor es incondicional, desinteresado y desprovisto de expectativas mundanas; es una pura efusión de la reverencia del corazón por la esencia divina.

La etapa final significa el pináculo de la devoción: el amor absoluto por lo Divino. En esta etapa, el practicante experimenta una comunión inquebrantable y extática con lo Divino, en la que los límites entre el adorador y el adorado se disuelven en una unión inseparable. El amor absoluto trasciende la dualidad de sujeto y objeto, fusionando la conciencia del devoto con la conciencia divina en un estado de éxtasis sublime y unidad.

A lo largo de estas etapas, Bhakti Yoga ofrece un camino estructurado y profundamente personal para evolucionar desde la chispa inicial de fe hasta el estado radiante de amor absoluto por lo Divino. Cada etapa ofrece desafíos y recompensas únicos, que nos guían hacia una relación profunda y duradera con lo Divino que impregna cada aspecto de la vida.

Enseñanzas de Vyasa sobre la devoción y el amor a Dios:

Las enseñanzas de Vyasa enfatizan la importancia de cultivar una devoción sincera y desinteresada hacia lo Divino, ya que es a través de este amor inquebrantable que uno puede alcanzar la verdadera liberación. Él articuló que el bhakti genuino trasciende las prácticas ritualistas o las meras afirmaciones verbales; necesita una conexión profunda y personal con la presencia divina. Las enseñanzas de Vyasa subrayan que cada acción, ya sean actividades mundanas o rituales sagrados, puede ser una hermosa expresión de amor y dedicación a lo Divino cuando se realiza con un corazón puro. Instó a las personas a infundir devoción en sus vidas diarias, reconociendo cada momento como una oportunidad para nutrir una relación íntima con lo Divino. Las ideas del sabio enfatizan que la devoción no se limita a las paredes de los templos o los entornos de meditación; impregna cada aspecto de la existencia de uno, iluminando cada pensamiento, palabra y acción con el resplandor del amor divino. Vyasa expuso de manera hermosa las diversas formas de devoción, destacando que el amor por lo Divino puede manifestarse de numerosas maneras: a través de la oración, la meditación, el servicio a los demás o simplemente asombrándose ante la belleza de la creación. Sus enseñanzas iluminan la universalidad del bhakti, afirmando que todas las expresiones sinceras de amor y reverencia conducen a la misma unión última con lo Divino. Además, la sabiduría de Vyasa brinda consuelo a quienes experimentan las complejidades de los desafíos de la vida mientras buscan una conexión más profunda con lo Divino. Ofreció una guía invaluable para superar las dudas, los obstáculos y los reveses que pueden obstaculizar el camino de la devoción, enfatizando la resiliencia, la fe y la paciencia como virtudes esenciales. En última instancia, Vyasa fomentó una comprensión del amor como la esencia de la existencia humana.

La Superación de los desafíos en el camino de la devoción:

En un mundo impulsado por la racionalidad y la evidencia empírica, a las personas puede resultarles difícil abrazar de todo corazón el concepto de amor incondicional por un ser divino. Superar este obstáculo requiere una profunda introspección, indagación espiritual y el cultivo de la fe interior. Además, las influencias externas, como las presiones sociales, los diferentes sistemas de creencias y las expectativas familiares, pueden crear obstáculos para quienes se dedican a la práctica del Bhakti Yoga. Además, la experiencia humana está plagada de pruebas y tribulaciones, y los devotos pueden encontrarse con dificultades personales que sacudan los cimientos de su devoción. La pérdida de un ser querido, las dificultades económicas o los problemas de salud pueden presentar pruebas formidables para la dedicación de uno al camino del Bhakti. En esos momentos, las enseñanzas del Bhagavad Gita ofrecen consuelo y orientación, enfatizando la necesidad de una confianza inquebrantable en lo divino, incluso en medio de la adversidad. En última instancia, superar estos desafíos requiere una integración armoniosa de la fe, la autodisciplina y la atención plena en la vida diaria.

Capítulo VII
DESAPEGO Y CRECIMIENTO ESPIRITUAL

Introducción a Vairagya:

El desapego, conocido como Vairagya en el contexto espiritual, se encuentra en el centro de muchas enseñanzas espirituales y a menudo se considera un requisito esencial para alcanzar la verdadera liberación y la autorrealización. El concepto de desapego gira en torno a la idea de renunciar a los apegos, deseos y aversiones mundanas, trascendiendo así la mente impulsada por el ego y alcanzando un estado de equilibrio interior. A través del cultivo del desapego, las personas buscan desentrañar la naturaleza ilusoria de la existencia material y dirigir su conciencia hacia los aspectos eternos e inmutables del yo.

Los fundamentos filosóficos del desapego están profundamente arraigados en el reconocimiento de la naturaleza transitoria y efímera de los fenómenos mundanos. Al reconocer la impermanencia de todas las posesiones, relaciones y experiencias materiales, los practicantes del desapego buscan liberarse del ciclo incesante de apego y aversión que los ata al mundo externo en constante cambio. Esta comprensión fundamental de la naturaleza de la realidad sirve como catalizador para la transformación interna, ya que impulsa a las personas a buscar una realización duradera más allá de los placeres fugaces de la gratificación sensorial y las búsquedas materiales.

Además, el desapego no sólo implica la renuncia a las posesiones materiales, sino también un distanciamiento psicológico y emocional del flujo incesante de deseos y emociones. Al desarrollar un sentido de desapego hacia los resultados de sus acciones y los caprichos de la vida, los aspirantes aspiran a alcanzar un estado de calma y resiliencia inquebrantables en medio de las convulsiones mundanas. Esta estabilidad interior, nacida del desapego, capacita a las personas para afrontar las complejidades de la existencia con claridad y serenidad, libres de la carga de enredos emocionales excesivos.

En la búsqueda de la liberación espiritual, el desapego adquiere una importancia primordial, ya que sirve como un antídoto eficaz contra la ilusión de separación e individualidad. Al desprenderse de las capas de falsas identificaciones y construcciones egoicas, los practicantes pueden descubrir gradualmente su unidad inherente con la conciencia universal. El desapego se convierte así en un proceso transformador que lleva a los individuos a la realización de su naturaleza esencial, trascendiendo las limitaciones del ego y abrazando la expansividad del Ser cósmico. En consecuencia, al comprender la interconexión subyacente de todos los seres y fenómenos, uno puede trascender la ilusión del aislamiento y la fragmentación, experimentando en última instancia una sensación de unidad y armonía con la existencia.

Principios fundamentales de Vairagya tal como los enseñó Vyasa:

El vairagya, tal como lo expone Vyasa en el Bhagavad Gita, encapsula una comprensión profunda de la psique humana y su relación con el mundo material. Las enseñanzas de Vyasa enfatizan el principio fundamental de que el desapego no equivale a la renuncia o abstinencia de las responsabilidades mundanas, sino que implica cultivar una mentalidad que no se deje influenciar por el flujo y reflujo de los deseos y los apegos. Este principio central está entretejido en la filosofía védica y constituye un aspecto fundamental de la sabiduría espiritual del Bhagavad Gita.

El enfoque de Vyasa sobre el Vairagya subraya la importancia de equilibrar los deberes y obligaciones con un enfoque inquebrantable en el Ser Superior. Explica que el verdadero desapego no es sinónimo de indiferencia o distanciamiento, sino que requiere una conciencia aguda de la naturaleza transitoria de los placeres mundanos y un compromiso inquebrantable con la búsqueda del crecimiento espiritual. A través de sus enseñanzas, Vyasa imparte la noción de que cultivar el desapego es imperativo para trascender los ciclos de nacimiento y muerte, conduciendo así a las personas hacia la autorrealización y la liberación.

Además, Vyasa profundiza en la interacción sutil entre Vairagya y Karma, haciendo hincapié en que el desapego genuino permite a las personas participar en acciones correctas sin dejarse llevar por deseos o ansias egoístas. Esta interrelación del desapego con el concepto de Nishkama Karma (acción desinteresada sin apego a los resultados) constituye la piedra angular del discurso de Vyasa sobre cómo vivir una vida plena espiritualmente y con un propósito.

Aspectos emocionales y psicológicos del desapego:

El desapego abarca dimensiones emocionales y psicológicas que son fundamentales para la evolución espiritual de una persona. Desde un punto de vista emocional, el desapego implica un enfoque equilibrado hacia las experiencias, relaciones y resultados de la vida. Implica la capacidad de reconocer y experimentar las emociones sin permitir que dicten las acciones o el estado de ser de una persona. Esto no significa suprimir o negar las emociones, sino más bien cultivar una conciencia plena de ellas, fomentando así un sentido de ecuanimidad.

Psicológicamente, el desapego implica liberarse del control incesante de los deseos, los apegos y las motivaciones impulsadas por el ego. A través de la autoconciencia y la introspección, uno puede comenzar a reconocer la naturaleza transitoria e ilusoria de las actividades mundanas, liberando así la mente de las preocupaciones indebidas por las posesiones materiales o el estatus. Esta faceta psicológica del desapego permite un cambio de perspectiva, que conduce a una comprensión más profunda del yo y de la naturaleza de la realidad. Como lo describe Vyasa, este proceso permite a las personas desenredarse de la red de engaños e identificaciones falsas, allanando el camino hacia la claridad interior y el crecimiento espiritual.

Además, los aspectos emocionales y psicológicos del desapego se entrecruzan y se influyen mutuamente de manera significativa. El desapego emocional sirve como protección contra el enredo de los deseos del ego, mientras que el desapego psicológico capacita a las personas para regular sus respuestas emocionales con discernimiento y sagacidad. Juntos, forman una sinergia armoniosa que fomenta la serenidad mental y la resiliencia. Al integrar estos aspectos del desapego en la vida diaria, las personas pueden cultivar un profundo sentido de paz y liberación, trascendiendo las vicisitudes del mundo externo.

El papel de la meditación y la atención plena:

La meditación sirve como vehículo para desarrollar una actitud libre de juicios hacia las propias experiencias, facilitando así el reconocimiento de la impermanencia y la naturaleza transitoria de todos los fenómenos. Al adoptar esta perspectiva, los practicantes van aflojando gradualmente el apego, comprendiendo que aferrarse a experiencias fugaces solo conduce al sufrimiento. Además, las prácticas de atención plena permiten a las personas anclarse en el momento presente, sin ataduras a los remordimientos del pasado ni a las ansiedades futuras, lo que a su vez fomenta una sensación de desapego de las circunstancias externas.

Además, la meditación permite a las personas observar el flujo incesante de pensamientos y emociones sin dejarse llevar por ellos. Al perfeccionar la capacidad de observar estos fenómenos mentales con ecuanimidad, las personas desarrollan un desapego de los deseos y aversiones incesantes del ego. Este desapego permite una percepción más clara de la realidad, libre de prejuicios y apegos personales.

Además, las prácticas de atención plena alientan a las personas a abordar las relaciones e interacciones personales con un sentido de compasión desapegada. Al permanecer arraigados en el momento presente y cultivar una conciencia imparcial, los practicantes pueden relacionarse con los demás desde un lugar de empatía genuina, libres de la carga de deseos o expectativas egoístas. Esto fomenta conexiones armoniosas basadas en el respeto y la comprensión mutuos, en lugar de la dependencia o la posesividad.

Además, la meditación y la atención plena regulares no solo fomentan el desapego interior, sino que también mejoran la resiliencia frente a los desafíos de la vida. Al fortalecer la mente contra la reactividad y la impulsividad, las personas desarrollan la capacidad de responder hábilmente a la adversidad, reconociendo que las circunstancias externas no tienen por qué determinar su estado interior. Esta resiliencia surge del cultivo del desapego, lo que permite a las personas afrontar las vicisitudes de la vida con mayor ecuanimidad y gracia.

Vairagya y su influencia en las relaciones personales

La práctica de Vairagya, cuando se aplica a las relaciones personales, nos permite relacionarnos con los demás desde un lugar de paz interior y comprensión en lugar de dejarnos llevar por las fluctuaciones emocionales. Al aceptar el desapego, las personas pueden desarrollar un sentido más profundo de compasión y respeto por la autonomía de los demás. Además, Vairagya nos permite evitar apegarnos o depender demasiado de factores externos para nuestra felicidad, reduciendo así el potencial de conflicto y sufrimiento en las relaciones. Esta práctica alienta a las personas a centrarse en el valor inherente de sus conexiones con los demás, fomentando vínculos auténticos y significativos que están libres de apegos egoicos. En esencia, nos permite abordar las relaciones personales con un sentido de apertura y aceptación, trascendiendo las limitaciones del amor condicional y la posesividad.

Capítulo VIII
LA DISCIPLINA DE LA MENTE Y EL CUERPO

Introducción al Yoga en el Bhagavad Gita:

El yoga se presenta en el Bhagavad Gita como un método para alcanzar la iluminación espiritual y la autorrealización. En el texto sagrado, el concepto de yoga abarca no solo las posturas físicas y el control de la respiración, sino también la unión del alma individual con la realidad última. El Bhagavad Gita explica varios caminos del yoga que se adaptan a las diversas inclinaciones y temperamentos de las personas, ofreciendo una guía completa para armonizar el cuerpo, la mente y el espíritu. Como aspecto fundamental de las enseñanzas del Bhagavad Gita, el yoga sirve como un medio para trascender las limitaciones del mundo material y conectarse con la esencia divina interior.

A través del diálogo entre Krishna y Arjuna, se expone la sabiduría del yoga, haciendo hincapié en el poder transformador de alinear las acciones, las emociones y el intelecto con la conciencia superior. Además, el Bhagavad Gita presenta el yoga como un enfoque holístico de la vida, que abarca valores morales y éticos que apoyan el crecimiento personal y la armonía social. En este contexto, la práctica del yoga se extiende más allá de los confines de una mera disciplina física, profundizando en la concentración mental, el equilibrio emocional y la rectitud moral.

El contexto histórico del yoga se remonta al período védico temprano, cuando el concepto de disciplina espiritual y autorrealización comenzó a tomar forma. El Rigveda, uno de los textos sagrados más antiguos, contiene himnos que aluden a la práctica del yoga y la meditación como medios para conectarse con lo divino. Con el tiempo, estas ideas fundamentales evolucionaron y encontraron su desarrollo en textos como los Upanishads, que profundizaban en la naturaleza de la realidad y el yo. Fue durante este período cuando los fundamentos filosóficos del yoga, incluidos los conceptos de karma, dharma y moksha, cobraron importancia. La influencia de estas antiguas enseñanzas en el desarrollo del yoga no se puede subestimar.

Con el paso del tiempo, diversas escuelas de filosofía y pensamiento, como el Samkhya y el Vedanta, contribuyeron a la comprensión multifacética del yoga. La síntesis de estas diversas tradiciones culminó en la articulación sistemática del yoga en textos como los Yoga Sutras de Patanjali, donde se elucidaba el camino de ocho ramas del yoga (Ashtanga Yoga). Esta forma clásica de yoga enfatizaba los principios éticos, las posturas físicas, el control de la respiración, el retraimiento sensorial, la concentración, la meditación y, en última instancia, la iluminación.

En la actualidad, la difusión del yoga ha trascendido las fronteras culturales y ha permeado la conciencia global. La integración del yoga en los estilos de vida contemporáneos ha dado lugar a diversas interpretaciones y adaptaciones, dando lugar a prácticas como el Hatha Yoga, el Vinyasa Yoga y el Kundalini Yoga. Además, la investigación científica ha validado muchos de los beneficios del yoga, lo que ha llevado a su aceptación generalizada como un sistema holístico para mejorar el bienestar físico, mental y emocional.

Conexión mente-cuerpo – La filosofía del yoga:

En el Bhagavad Gita se hace hincapié en la conexión entre la mente y el cuerpo como un aspecto fundamental para alcanzar el crecimiento espiritual y la autorrealización. Al comprender la relación entre la mente y el cuerpo, las personas pueden aprovechar el poder del yoga para alcanzar la armonía física, mental y emocional.

En el centro de esta filosofía está el concepto de que nuestro estado mental influye directamente en nuestro bienestar físico, y viceversa. El Bhagavad Gita enseña que, si cultivamos una mente equilibrada y tranquila, podemos cultivar un cuerpo más sano, mientras que un cuerpo sano proporciona un entorno propicio para la claridad mental y la paz interior. La práctica del yoga anima a las personas a explorar esta interacción a través de diversas técnicas, guiándolas hacia una integración armoniosa de la mente y el cuerpo.

Los fundamentos filosóficos del yoga también destacan la importancia de cultivar la autoconciencia y la atención plena. Al sintonizar la mente con el momento presente y reconocer las sensaciones dentro del cuerpo, los practicantes aprenden a reconocer las conexiones sutiles entre sus pensamientos, emociones y experiencias físicas. Esta mayor conciencia fomenta una comprensión más profunda de uno mismo y permite a las personas afrontar la vida con mayor resiliencia emocional y fortaleza mental.

Además, la filosofía que sustenta las prácticas yóguicas subraya el concepto de "samatvam" o ecuanimidad, que promueve un estado equilibrado del ser independientemente de las circunstancias externas. A través del yoga, los practicantes aprenden a mantener una sensación de calma en medio de los altibajos de la vida, aceptando tanto la alegría como los desafíos con una compostura inquebrantable. En definitiva, la filosofía del yoga ofrece un marco holístico para que las personas desarrollen una conexión entre su mente y su cuerpo, lo que conduce al bienestar general y a la evolución espiritual.

Los cuatro caminos del yoga:

El yoga, tal como se explica en el Bhagavad Gita, comprende cuatro caminos principales, cada uno de los cuales ofrece un enfoque distinto hacia la realización espiritual y el autodescubrimiento. El camino del Karma Yoga enfatiza la acción desinteresada y el servicio como un medio para alcanzar la pureza interior y el desapego de los frutos de las propias acciones. Enseña a las personas a participar en sus deberes con dedicación e integridad, sin apegarse a los resultados. Este camino es ideal para quienes se inclinan por el trabajo humanitario y el servicio comunitario, y buscan el crecimiento espiritual a través de acciones altruistas.

Por otra parte, el Bhakti Yoga se centra en la devoción y el amor por lo divino. Anima a los practicantes a cultivar una profunda conexión emocional y una fe inquebrantable en una deidad o forma divina elegida. A través de la oración, la adoración y los rituales, los seguidores del Bhakti Yoga aspiran a trascender el ego y fundirse con la esencia divina, alcanzando en última instancia la liberación espiritual a través del amor puro e incondicional. Este camino es adecuado para quienes se inclinan por la expresión emocional y la devoción sincera en su búsqueda del crecimiento espiritual.

El Raja Yoga, a menudo denominado el "Camino Real", se centra en el refinamiento sistemático de la mente y los sentidos a través de prácticas como la meditación, la concentración y la disciplina mental. Ofrece técnicas integrales para controlar los procesos de pensamiento, logrando así la quietud interior y una mayor conciencia. El Raja Yoga prescribe un enfoque paso a paso para el dominio psicológico, que lleva a los practicantes hacia la introspección y la autorrealización. Este camino es adecuado para personas con una fuerte inclinación hacia la disciplina mental y la contemplación introspectiva como parte de su viaje espiritual.

Por último, el Jnana Yoga, el camino de la sabiduría y el conocimiento, se adentra en la investigación filosófica y la comprensión intelectual de la naturaleza de la realidad y del yo. Implica una rigurosa introspección, un análisis crítico y la contemplación de los principios fundamentales de la existencia. A través de la búsqueda del conocimiento discernidor y la realización de la verdad última, los practicantes del Jnana Yoga buscan trascender todas las dualidades y limitaciones, logrando finalmente la unión con la conciencia suprema. Este camino resuena entre aquellos que se inclinan por las actividades académicas y la exploración filosófica en su búsqueda de la iluminación espiritual.

Asanas:

La práctica de asanas, o posturas físicas, no son meros ejercicios corporales, sino herramientas para alinear el cuerpo físico con el ser espiritual. Cada postura está diseñada para crear un estado de equilibrio, fuerza, flexibilidad y concentración mental que prepara al practicante para estados más profundos de meditación y autorrealización. En el contexto del Bhagavad Gita, las asanas sirven como un medio para armonizar la conexión cuerpo-mente-espíritu.

A lo largo de los siglos, diversas tradiciones de yoga han desarrollado secuencias específicas de asanas para abordar diferentes necesidades y aspiraciones. El Bhagavad Gita enfatiza el valor terapéutico de las asanas, destacando su capacidad para aliviar dolencias físicas y promover el bienestar general. Cuando se practica con atención plena e intención, cada postura se convierte en una oportunidad para encarnar las cualidades de perseverancia, gracia y entrega, todas ellas fundamentales en el camino del crecimiento espiritual.

Además, las asanas facilitan la liberación de la tensión física y mental, lo que permite a los practicantes cultivar una mayor conciencia del momento presente. Esta mayor conciencia proporciona una puerta de entrada a una comprensión más profunda del yo y de la interconexión de toda la existencia. Al extender esta conciencia a cada movimiento y respiración, los practicantes pueden trascender las limitaciones de la forma física y experimentar una sensación de unidad con lo divino.

En el Bhagavad Gita, el Señor Krishna ensalza la virtud de cumplir con el deber sin apegarse a los resultados, un concepto conocido como Nishkama Karma. Las asanas encarnan esta filosofía al alentar a los practicantes a realizar cada postura con una dedicación total, pero sin apegarse a ninguna expectativa o deseo. Este desapego de los resultados fomenta una sensación de libertad interior y facilita el viaje hacia la autorrealización.

Ejercicios de yoga:

Pranayama, la práctica del control de la respiración, desempeña un papel fundamental en la tradición yóguica descrita en el Bhagavad Gita. Mediante la regulación de la respiración, los practicantes buscan armonizar el cuerpo, la mente y el espíritu, lo que en última instancia conduce a la claridad mental y a una mayor vitalidad. Esta antigua disciplina implica una serie de ejercicios de respiración rítmica que pueden tener un profundo impacto en el bienestar y la evolución espiritual de la persona.

El Bhagavad Gita enfatiza el pranayama como un medio para calmar las fluctuaciones de la mente, promoviendo la paz interior y una mayor conciencia. Al manipular conscientemente la respiración, las personas pueden acceder a su fuerza vital o prana, canalizándola para eliminar bloqueos y promover el equilibrio general. El arte del pranayama se extiende más allá de la simple inhalación y exhalación, y abarca varias técnicas como la respiración alternada por las fosas nasales, la kapalabhati y la respiración ujjayi. Cada método tiene propósitos distintos, que van desde energizar el sistema hasta calmar la mente y cultivar la atención plena.

Los efectos del pranayama en el bienestar físico y mental han sido corroborados por la investigación científica moderna, que valida su papel en la reducción del estrés, la mejora de la función cognitiva y el aumento de la resiliencia emocional. Además, el Bhagavad Gita expone el pranayama como una herramienta transformadora para el autodominio, que permite a las personas trascender las limitaciones del ego y conectarse con su conciencia superior.

Como parte del enfoque holístico del yoga, el pranayama permite a los practicantes mirar hacia el paisaje interno, descubriendo una comprensión más profunda del yo y la interconexión de toda la existencia. Es a través de la práctica disciplinada del pranayama que las personas pueden acceder a un estado de tranquilidad y dar paso a la claridad mental, preparando el terreno para etapas avanzadas de meditación y autorrealización.

Meditación:

La meditación, que tiene sus raíces en la antigua sabiduría de la tradición védica, se considera una herramienta transformadora que permite a las personas conectarse con su verdadero yo y con la esencia divina que llevan dentro. La práctica de la meditación implica cultivar un estado de concentración, que permite a la mente trascender su naturaleza inquieta y entrar en un estado de serenidad. Al calmar el parloteo incesante de la mente, los practicantes pueden descubrir una sensación de paz interior y claridad que sirve como base para el crecimiento espiritual.

El Bhagavad Gita enfatiza que a través de la meditación regular, las personas pueden alinear sus pensamientos, emociones y acciones con principios superiores, fomentando un sentido de equilibrio y propósito en la vida. Además, la meditación facilita la disolución de obstáculos mentales y distracciones, despejando el camino hacia la autorrealización y la comprensión de la naturaleza de la realidad. La escritura explica varias técnicas de meditación, que van desde la atención enfocada en objetos específicos o mantras hasta la práctica de la atención plena y la contemplación. Cada método tiene como objetivo guiar al practicante hacia un estado de conciencia elevada y unidad con lo divino.

Además, el Bhagavad Gita explica que los beneficios de la meditación se extienden más allá de la calma y la claridad mental, y abarcan el bienestar físico y la resiliencia emocional. A medida que las personas profundizan en los ámbitos de la meditación, cultivan un sentido de empatía, compasión e interconexión con todos los seres, lo que fomenta una relación armoniosa con el mundo que las rodea.

Yamas y Niyamas:

Yamas, las disciplinas éticas, y Niyamas, las observancias, forman la base para cultivar una vida equilibrada y armoniosa. Yamas abarca las restricciones morales, promoviendo la integridad y la rectitud en la conducta de uno. Consisten en cinco principios: Ahimsa (no violencia), Satya (veracidad), Asteya (no robar), Brahmacharya (castidad o autocontrol) y Aparigraha (no posesividad). Estos principios guían a las personas en sus interacciones con los demás y el mundo, haciendo hincapié en la compasión, la honestidad y el respeto por uno mismo y los demás. Además, Niyamas se centran en las observancias personales y la autodisciplina, fomentando una práctica reflexiva interna. Los cinco Niyamas son Saucha (pureza), Santosha (contentamiento), Tapas (disciplina),

Svadhyaya (autoestudio) e Ishvara Pranidhana (entrega a un poder superior). Estos Niyamas alientan a las personas a purificar su cuerpo y mente, cultivar la gratitud y la aceptación, desarrollar la autodisciplina, participar en la autorreflexión a través del estudio y la contemplación, y entregar el ego a una fuente superior. Al incorporar los Yamas y Niyamas en su vida diaria, las personas pueden esforzarse por alcanzar el equilibrio interior y exterior, lo que conduce al crecimiento espiritual y la autorrealización. La comprensión y la incorporación de estos principios éticos contribuyen al desarrollo holístico de un individuo, fomentando virtudes que conducen al bienestar personal y la armonía social. La adopción de los Yamas y Niyamas permite a las personas alinear sus acciones y actitudes con valores que promueven una forma de vida más compasiva, integrada y con un propósito.

El objetivo final: la unión con el Ser a través del Yoga:

El objetivo último del yoga es alcanzar la unión con uno mismo o la realización de la propia naturaleza verdadera. El Bhagavad Gita ensalza el camino del yoga como un medio para trascender las limitaciones del cuerpo físico y de la mente, y para conectarse con la conciencia superior que impregna toda la existencia. En esencia, la práctica del yoga es un viaje hacia la autorrealización, que conduce a una sensación de paz interior, armonía y plenitud espiritual. El concepto de unión, o "yoga", significa la alineación del yo individual con el yo universal, el reconocimiento de la interconexión de toda la vida y la experiencia de unidad con lo divino.

Mediante el cultivo de la autodisciplina, el equilibrio emocional y la claridad mental, los practicantes de yoga se esfuerzan por disolver las ilusiones de la separación y el ego, y despertar a la unidad esencial que subyace a toda la creación. Este estado de unión, conocido como "Samadhi", representa el pináculo de la evolución espiritual y la realización de la verdad más alta. El Bhagavad Gita enfatiza que esta unión no se limita al reino físico o intelectual, sino que abarca la totalidad del ser de uno, abarcando el cuerpo, la mente y el alma. La búsqueda de este objetivo último implica la integración de varias prácticas yóguicas, que incluyen la vida ética, el servicio desinteresado, la meditación y la contemplación.

Al practicar estas disciplinas transformadoras, las personas pueden purificar gradualmente las capas de su conciencia, alineándose más estrechamente con la esencia divina que reside en su interior. En última instancia, la unión con el yo a través del yoga conduce a la liberación del ciclo de nacimiento y muerte, conocido como Samsara, y a un profundo sentido de interconexión con el orden cósmico.

Capítulo IX
LA NATURALEZA DE LO DIVINO

Brahman – La Realidad Última:

Brahman representa la realidad última que sustenta y trasciende todo el cosmos. Entre las diversas conceptualizaciones de lo divino, Brahman tiene un estatus único como la esencia no manifiesta, informe e infinita de la que emana toda la existencia. Este concepto profundiza en el sustrato de la realidad que se encuentra más allá del mundo fenoménico, proporcionando un marco para comprender la interconexión de todos los seres y la unidad subyacente que impregna la creación. Al definir a Brahman, es fundamental reconocer su trascendencia inherente, omnipresencia y naturaleza eterna. Se erige como el principio fundamental que sostiene el orden cósmico, abarcando tanto la inmanencia como la trascendencia en su naturaleza divina.

La descripción que Vyasa hace de Brahman enfatiza la naturaleza inefable e incomprensible de esta realidad última, buscando dilucidar su importancia en la búsqueda de la iluminación espiritual. El concepto de Brahman también abarca la idea de Sat-Chit-Ananda, que significa existencia, conciencia y felicidad, que forman las cualidades intrínsecas de la realidad última. Además, la noción de Brahman se extiende más allá de las concepciones antropomórficas de la deidad, invitando a las personas a trascender las construcciones mentales limitadas y percibir lo divino en su forma más expansiva. Esta visión cósmica de Brahman desafía las concepciones convencionales de lo divino, apuntando hacia una realidad que trasciende las dualidades y las limitaciones. A medida que los lectores exploran la red de discurso filosófico que rodea a Brahman, encuentran una invitación a contemplar los misterios más profundos de la existencia y buscar la comunión con lo inefable. Además, el concepto de Brahman sirve como una luz guía para aquellos en el camino de la autorrealización, ofreciendo un punto focal trascendente alrededor del cual gira todo el viaje espiritual.

A través de una exploración matizada de Brahman, se anima a las personas a cultivar una mayor conciencia de la realidad última, guiando sus pensamientos y acciones hacia la alineación con la armonía cósmica. Aceptar la noción de Brahman genera un cambio transformador en la perspectiva, iluminando la interconexión de toda la vida y fomentando un sentido de reverencia por la esencia divina que impregna el universo. A medida que los buscadores profundizan en las enseñanzas de Vyasa sobre Brahman, se los invita a desentrañar las verdades ocultas dentro del tejido de la existencia, revelando finalmente la fuente primordial de la que emerge toda la creación.

Nirguna y Saguna - Los atributos de lo divino:

En la filosofía hindú, el concepto de lo divino suele explorarse a través de la lente de Nirguna y Saguna Brahman. Nirguna Brahman se refiere al aspecto sin forma y sin atributos de la realidad última, mientras que Saguna Brahman representa lo divino con atributos y cualidades. Estos dos aspectos proporcionan una comprensión integral de la naturaleza de lo divino y sus manifestaciones en el mundo.

El Nirguna Brahman trasciende todas las formas y características y existe más allá de la comprensión humana. A menudo se lo representa como la realidad ilimitada y no manifestada que subyace a toda la creación. Este aspecto enfatiza la naturaleza inefable e infinita de lo divino, desafiando a las personas a mirar más allá de lo tangible y buscar una conexión más profunda con la verdad no manifestada. A través de la meditación y la introspección, los buscadores se esfuerzan por comprender la naturaleza informe del Nirguna Brahman, reconociendo que no puede limitarse a ninguna construcción física o mental.

Por otra parte, Saguna Brahman encarna los atributos y cualidades divinas que son accesibles al entendimiento humano. Se lo representa como la manifestación personal de la realidad última, a menudo representada en diversas deidades y formas divinas. Al atribuir cualidades como la compasión, la sabiduría y el poder a Saguna Brahman, las personas pueden establecer una conexión más íntima y cercana con lo divino. La adoración y la devoción dirigidas hacia deidades específicas en el hinduismo ejemplifican la reverencia por el aspecto Saguna de Brahman, lo que permite a los practicantes cultivar una relación con lo divino que se alinea con sus inclinaciones y aspiraciones individuales.

Las enseñanzas de Vyasa en el Bhagavad Gita arrojan luz sobre la coexistencia de los aspectos Nirguna y Saguna dentro de lo divino. Destaca la naturaleza trascendental de Nirguna Brahman al tiempo que reconoce la importancia de Saguna Brahman para facilitar una conexión tangible entre el alma individual y lo divino. La noción de equilibrar estos aspectos duales sirve como principio fundamental para experimentar el viaje espiritual, alentando a los buscadores a reconocer la esencia informe mientras abrazan las expresiones personalizadas de lo divino.

La exploración de Nirguna y Saguna Brahman subraya la riqueza y complejidad de la naturaleza divina, ofreciendo a los practicantes diversos caminos para resonar con la realidad última. Ya sea a través de la contemplación del absoluto sin forma o de la devoción a deidades con atributos distintivos, se nos presenta un espectro dinámico de manifestaciones divinas que se adaptan a diversas inclinaciones espirituales y perspectivas filosóficas.

La relación entre el alma individual y Brahman:

Según Vyasa, el alma individual, o Atman, está conectada con Brahman, la realidad última. El concepto de unidad Atman-Brahman constituye la piedra angular del Vedanta y es un principio fundamental para comprender la naturaleza de la existencia y la liberación. Vyasa expone esta relación al explicar que cada ser vivo, en esencia, es una expresión de Brahman. El alma individual no está separada de lo divino, sino más bien una manifestación de él. Esta interconexión implica que cada individuo lleva dentro de sí la esencia de Brahman, aunque a menudo esté oscurecida por la ignorancia y los enredos mundanos. Vyasa enfatiza la importancia de comprender esta conexión inherente como un medio para trascender el ciclo de nacimiento y muerte y alcanzar la liberación espiritual. A través de la autorrealización y la comprensión de la naturaleza eterna del alma, uno puede experimentar el vínculo inquebrantable con Brahman. Además, Vyasa explica que las limitaciones y la naturaleza transitoria del mundo material son ilusorias y que es a través del reconocimiento de la esencia inmortal del alma como parte de Brahman que uno puede alcanzar la verdadera libertad. La relación entre el alma individual y Brahman se vuelve, por lo tanto, fundamental en la búsqueda de la iluminación espiritual. Las enseñanzas de Vyasa subrayan la importancia de la introspección, la contemplación y la realización de la presencia divina dentro de uno mismo. Esta conexión ofrece consuelo y propósito, guiando a las personas en su camino hacia el autodescubrimiento y la unión definitiva con Brahman.

La perspectiva filosófica de Vyasa sobre Brahman:

La representación que Vyasa hace de Brahman encapsula la naturaleza trascendente, inmanente y omnipotente de lo divino. Según él, Brahman no es simplemente un concepto abstracto, sino la esencia fundamental de la que emana toda la existencia. La perspectiva filosófica de Vyasa sobre Brahman va más allá del discurso intelectual; profundiza en el aspecto experiencial de la realización de la presencia divina en cada aspecto de la creación.

Vyasa explica que el alma individual está interconectada con Brahman. Explica que reconocer esta relación intrínseca es fundamental para alcanzar la iluminación espiritual y la liberación del ciclo de nacimiento y muerte. Vyasa enfatiza que la comprensión de Brahman no se limita a la comprensión intelectual, sino que requiere un profundo viaje introspectivo para desvelar la verdadera naturaleza de la realidad. La perspectiva de Vyasa enfatiza la naturaleza omnipresente de Brahman, lo que ilustra que la esencia divina permea cada faceta del universo.

A través de su exposición filosófica, Vyasa intenta guiar a los buscadores hacia el reconocimiento de la unidad subyacente detrás de la multiplicidad de fenómenos. Además, la perspectiva de Vyasa sobre Brahman sirve como una luz guía para comprender la interacción entre los aspectos trascendentes e inmanentes de lo divino en relación con la existencia humana y el cosmos. Las ideas filosóficas de Vyasa sobre Brahman invitan a las personas a trascender las limitaciones de la existencia material y elevar su conciencia para percibir la esencia sublime de la realidad. Además, la perspectiva de Vyasa resalta la interconexión de todos los seres con Brahman, enfatizando el equilibrio armonioso que existe dentro del orden cósmico.

Brahman en relación con la naturaleza y el universo:

Brahman, tal como lo concibe Vyasa, está interconectado con el concepto de naturaleza y universo. En el Bhagavad Gita, la representación de Brahman enfatiza su omnipresencia y naturaleza omniabarcante, sugiriendo que trasciende el mundo material y al mismo tiempo se manifiesta dentro de él. Según su perspectiva filosófica, Brahman no está confinado a un lugar o forma específicos, sino que impregna cada aspecto del cosmos.

La interconexión de Brahman con la naturaleza y el universo subraya la relación dinámica y simbiótica entre los reinos trascendental y empírico. Vyasa explica que el orden cósmico y el mundo natural son manifestaciones de Brahman, que reflejan su presencia inmanente y la armonía innata que subyace a toda la creación. Además, los patrones cíclicos observados en el universo, como las estaciones, el movimiento de los cuerpos celestes y el flujo y reflujo de la vida, se destacan como expresiones de la danza cósmica de Brahman, que significa el flujo y el ritmo perpetuos inherentes al cosmos.

La representación que Vyasa hace de Brahman en relación con la naturaleza invita a la contemplación de la interconexión de toda la existencia y subraya la santidad del mundo natural. Fomenta la introspección en las capas más profundas de la realidad e invita a las personas a reconocer la esencia divina que impregna cada faceta de la existencia. Además, esta perspectiva filosófica fomenta una profunda reverencia por el medio ambiente e inspira un enfoque holístico para vivir en armonía con la naturaleza.

Capítulo X
AUTOCONTROL

La psicología de los deseos y las emociones:

En el contexto del autocontrol y el dominio sobre los deseos y las emociones, es imperativo ahondar en la psicología que se esconde detrás de estos aspectos fundamentales de la naturaleza humana. Los deseos y las emociones forman la estructura de nuestro mundo interior y dirigen nuestros pensamientos, decisiones y acciones.

Los deseos, como se describen en el Bhagavad Gita, surgen de los sentidos y de la mente. A menudo conducen a las personas a una búsqueda incesante de satisfacción material, lo que provoca apego y enredo en el mundo externo. Las emociones, por otro lado, son las expresiones de nuestro paisaje interior, que van desde la alegría y la compasión hasta la ira y la tristeza. Tanto los deseos como las emociones pueden nublar la mente, lo que lleva a reacciones impulsivas y elecciones equivocadas.

Psicológicamente, los deseos y las emociones están entrelazados con los procesos cognitivos, lo que influye profundamente en nuestras percepciones y respuestas. Comprender la interacción entre los deseos, las emociones y la cognición es fundamental para aprovechar el autocontrol. Al reconocer los desencadenantes y los patrones que subyacen a nuestros deseos y emociones, las personas pueden desarrollar una mayor conciencia de sus estados internos, allanando el camino para una acción informada y serena.

Además, el Bhagavad Gita describe el impacto de los deseos y las emociones en el intelecto, destacando su potencial para perturbar la claridad y el discernimiento. Los deseos descontrolados y las emociones turbulentas pueden oscurecer la comprensión, perjudicar el juicio y obstaculizar la búsqueda de metas más elevadas. Esta interacción entre los deseos, las emociones y el intelecto subraya la importancia de cultivar el autocontrol como un medio para trascender estas complejidades psicológicas. Además, el Bhagavad Gita expone el papel de los deseos y las emociones en el ciclo del karma, haciendo hincapié en su conexión con las acciones y sus consecuencias posteriores.

El papel de la meditación en la autorregulación:

La meditación sirve como puerta de entrada a la autorregulación, ya que proporciona a las personas las herramientas necesarias para cultivar la conciencia, la resiliencia emocional y el dominio de la mente. La práctica de la meditación, tal como se explica en el Bhagavad Gita, permite a las personas observar sus pensamientos y emociones sin apego ni aversión, fomentando así la capacidad de responder en lugar de reaccionar a los estímulos internos y externos. A través de la atención centrada y la introspección que ofrece la meditación, los practicantes adquieren una visión de la naturaleza de sus deseos y emociones, lo que conduce a una mayor capacidad de autocontrol.

La sabiduría del Bhagavad Gita enfatiza el valor de las prácticas meditativas como la dhyana (contemplación) y el pranayama (control de la respiración) para perfeccionar la capacidad de trascender la influencia de los deseos pasajeros y las emociones impulsivas. Al fomentar un estado mental sereno mediante la meditación regular, las personas pueden reconectar gradualmente las vías neuronales asociadas con la impulsividad y la reactividad, fomentando una sensación de equilibrio interior y estabilidad emocional. Este proceso de transformación permite a los practicantes moderar sus respuestas a diversos desencadenantes situacionales, alineando sus acciones con sus valores y principios superiores.

Además, el papel de la meditación en la autorregulación se extiende más allá del ámbito del bienestar individual para abarcar el concepto más amplio de dharma, o deber recto. Como se explica en el Bhagavad Gita, el cultivo del autocontrol a través de la meditación capacita a las personas para discernir su svadharma (deber personal) y adherirse a él firmemente, independientemente de las circunstancias externas. Al adoptar la meditación como un medio de autorregulación, las personas están mejor preparadas para afrontar los dilemas éticos y cumplir con sus responsabilidades morales con una resolución y una claridad inquebrantables. Esta integración de la autorregulación y el dharma no solo fomenta el crecimiento personal, sino que también contribuye al funcionamiento armonioso de la sociedad en general.

El autocontrol y su influencia en el Dharma:

El autocontrol, un aspecto fundamental del carácter humano, desempeña un papel crucial en la defensa del dharma (el deber recto u orden moral) en el contexto del Bhagavad Gita. El concepto de autocontrol, conocido como "Dama" en sánscrito, abarca la capacidad de regular los pensamientos, deseos y acciones de uno en consonancia con los principios virtuosos y la conducta ética. En el Bhagavad Gita, el Señor Krishna imparte sabiduría sobre cómo el autocontrol influye en la adhesión al dharma y su importancia para llevar una vida con propósito.

El autocontrol está entrelazado con el dharma, ya que ofrece a las personas la fuerza para resistir las tentaciones que pueden desviarlas de sus deberes y responsabilidades legítimos. A través de la autodisciplina, las personas pueden cultivar la fortaleza interior necesaria para enfrentar dilemas morales complejos y tomar decisiones que defiendan la rectitud. El Bhagavad Gita enfatiza que la práctica del autocontrol capacita a las personas para actuar en armonía con el dharma, fomentando una sociedad armoniosa y justa.

Además, el autocontrol actúa como catalizador del servicio desinteresado y de la conducta ética, dos pilares del dharma que se explican en el Bhagavad Gita. Al ejercer moderación sobre los instintos básicos y los deseos materiales, las personas pueden aprovechar su potencial interior para servir al bien común sin buscar el beneficio personal. Esta correlación entre el autocontrol y el dharma subraya el poder transformador de dominar los propios impulsos al servicio de los demás, fomentando así un entorno de compasión y bienestar colectivo.

En la búsqueda del dharma, el autocontrol contribuye al desarrollo de la integridad, el honor y la responsabilidad. Permite a las personas cumplir con sus obligaciones con un compromiso inquebrantable, independientemente de las influencias externas o las adversidades. La práctica del autocontrol se alinea con las enseñanzas del Bhagavad Gita sobre la acción recta (karma), inculcando un sentido de autodominio que permite a las personas priorizar el deber sobre los deseos personales, manteniendo así el tejido moral de la sociedad.

Además, la correlación entre el autocontrol y el dharma se extiende más allá de la conducta individual y abarca el liderazgo y la gobernanza. Los líderes eficaces ejemplifican la autodisciplina y actúan como custodios del dharma, guiando con el ejemplo e inspirando a otros a encarnar cualidades virtuosas. Su personificación del autocontrol fomenta la confianza, la estabilidad y la gobernanza equitativa, promoviendo la cohesión social y el progreso ético dentro de la comunidad.

Capítulo XI
EL SUFRIMIENTO

Introducción a Duhkha:

Duhkha, un concepto fundamental del Bhagavad Gita, resume la comprensión del sufrimiento y el descontento humanos. El Bhagavad Gita profundiza en la naturaleza de la existencia y reconoce que la condición humana es inherente a una sensación de malestar e insatisfacción. Este reconocimiento sirve como una luz guía para las personas que buscan comprender y trascender los desafíos de la vida. A través de una lente filosófica, el Bhagavad Gita nos invita a contemplar la verdad universal de que ninguna existencia mortal está exenta de duhkha, independientemente de las circunstancias externas. Al reconocer el duhkha como un aspecto intrínseco de la experiencia humana, el Bhagavad Gita prepara el escenario para un viaje transformador hacia la autorrealización y la paz interior. A medida que avanzamos a través de las capas de duhkha, el Bhagavad Gita presenta una oportunidad para la introspección y el crecimiento espiritual, ofreciendo perspectivas sobre la condición humana. Al comprender la esencia de duhkha, las personas se empoderan para cultivar una mayor compasión y empatía por sí mismas y por los demás, fomentando una conexión más profunda con el tejido universal de la existencia.

La mente como fuente de sufrimiento:

En el Bhagavad Gita, el concepto de mente no se refiere únicamente al órgano físico que se encuentra dentro de nuestro cráneo, sino que abarca la totalidad de nuestros pensamientos, emociones y conciencia. Es la sede de nuestros deseos, miedos y apegos, la que impulsa nuestras acciones y moldea nuestra percepción del mundo. Sin embargo, también es el catalizador de gran parte de nuestra angustia y aflicción. La mente fluctúa constantemente, agobiada por el pasado y ansiosa por el futuro, lo que conduce a un ciclo interminable de agitación emocional y angustia mental. Si no se controla, la mente puede convertirse en una formidable fuente de sufrimiento, perpetuando sentimientos de descontento, inseguridad e inquietud. El Bhagavad Gita enseña que dominar la mente es esencial para trascender el sufrimiento. Al obtener el control sobre el parloteo incesante de la mente y su naturaleza tumultuosa, las personas pueden encontrar la paz interior y la liberación de las aflicciones de la existencia. Además, el Bhagavad Gita enfatiza que la mente, si no se disciplina, puede llevar a las personas por mal camino, nublando su juicio y obstaculizando su crecimiento espiritual. Es mediante el desarrollo de la fortaleza mental y la resiliencia que uno puede comenzar a aliviar el sufrimiento inherente causado por las fluctuaciones de la mente. Las enseñanzas del Bhagavad Gita nos alientan a profundizar en la autorreflexión y la introspección, para comprender el funcionamiento de la mente y su impacto en el sufrimiento personal. Al cultivar la atención plena y la conciencia, podemos desenredarnos gradualmente de la red de aflicciones mentales, fomentando un estado de ecuanimidad y serenidad en medio de los incesantes desafíos de la vida.

El papel del deseo:

El deseo está profundamente entrelazado con la experiencia humana y desempeña un papel importante en la manifestación del sufrimiento. Es a través del deseo que se forma el apego, que conduce a una serie de aflicciones emocionales y mentales. Los deseos son las semillas de las que surgen las expectativas y, cuando estas expectativas no se cumplen, sobreviene el sufrimiento. El Bhagavad Gita explica que los apegos nacidos de los deseos perpetúan un ciclo de anhelo, descontento y angustia. Ya sea el apego a las posesiones materiales, a las relaciones o incluso al propio ego, estos apegos son a menudo la causa raíz de gran parte del sufrimiento humano. Crean un anhelo constante de algo externo que brinde satisfacción, atrapando así a las personas en una búsqueda incesante de la realización.

El texto enfatiza que la naturaleza del deseo es insaciable, lo que da lugar a una búsqueda continua de gratificación que, en última instancia, resulta en dolor y tristeza. Además, el Bhagavad Gita nos ilumina sobre la naturaleza transitoria de los objetos y experiencias materiales, afirmando que el apego a entidades impermanentes conduce inevitablemente a la decepción y la angustia. La interacción entre el deseo, el apego y el sufrimiento se presenta como un dilema psicológico y espiritual, ofreciendo valiosas perspectivas sobre las causas subyacentes de la tribulación humana. Reconociendo los efectos perjudiciales de los deseos desenfrenados, la escritura aboga por el cultivo del desapego como un antídoto transformador contra la aflicción del sufrimiento.

A través del desapego, uno aprende a desprenderse gradualmente de la atracción incesante de los deseos y los apegos resultantes, fomentando un estado de equilibrio interior. El Bhagavad Gita postula que el desapego genera libertad respecto de la fluctuación de la alegría y la tristeza, permitiendo a las personas afrontar las experiencias de la vida sin verse atrapadas por las cadenas del apego. Al liberarse de la influencia de los deseos, uno puede alcanzar una sensación de liberación de la confusión provocada por las expectativas insatisfechas y los placeres fugaces. La verdadera satisfacción surge del desapego, que permite a las personas trascender el ciclo de antojos interminables y el sufrimiento subsiguiente que conllevan.

Superar el sufrimiento a través del desapego:

El desapego, como se explica en el Bhagavad Gita, implica la capacidad de mantener un estado mental equilibrado y sereno, independientemente del inevitable flujo y reflujo de las alegrías y las tristezas de la vida. Al desapegarse de los resultados de las acciones y renunciar al apego excesivo a las posesiones o relaciones materiales, uno puede trascender las fluctuaciones del placer y el dolor. Este desapego no denota apatía o indiferencia, sino más bien significa una actitud de desapego, que permite una percepción más clara y una respuesta compasiva a los desafíos de la vida.

El Bhagavad Gita enfatiza el concepto de 'Nishkama Karma': la acción desinteresada realizada sin apego a los frutos del trabajo. Cuando las personas se comprometen con sus deberes con un espíritu de desapego, se liberan de las agitaciones causadas por el éxito o el fracaso, el elogio o la crítica. Esta libertad interior respecto de las fluctuaciones del mundo externo conduce a un equilibrio armonioso, que les permite afrontar las circunstancias difíciles con ecuanimidad y resiliencia.

Además, cultivar el desapego permite a las personas aceptar el cambio y la incertidumbre sin sucumbir a la angustia. Fomenta la comprensión de que todo lo que existe en el reino material es impermanente y que aferrarse a los aspectos transitorios de la existencia conduce inevitablemente a la frustración y la angustia. A través del desapego, las personas reconocen que la verdadera felicidad y satisfacción surgen de una conexión inquebrantable con la esencia eterna e inmutable que hay dentro de ellas, en lugar de los estímulos externos fugaces.

La práctica del desapego también desempeña un papel fundamental en la mitigación de los conflictos interpersonales y la turbulencia emocional. Al renunciar a la posesividad y a los deseos impulsados por el ego, las personas fomentan un entorno de respeto mutuo y comprensión en sus relaciones. Se vuelven expertas en reconocer la autonomía y la trayectoria individual de los demás, aliviando la posibilidad de decepción y resentimiento cuando no se cumplen las expectativas.

El camino del autoconocimiento y el alivio del duhkha:

El autoconocimiento, o Atma Jnana, es la base de las enseñanzas del Bhagavad Gita sobre la mitigación del sufrimiento. Al ahondar en las profundidades del propio ser, las personas adquieren una perspectiva de la naturaleza transitoria del mundo material y de la esencia eterna del Ser. Esta comprensión fomenta un sentido de desapego de las circunstancias externas y facilita una mayor resiliencia frente a la adversidad.

Además, el Bhagavad Gita enfatiza la importancia de alinear las acciones propias con un propósito superior como un medio para trascender el sufrimiento. La búsqueda del servicio desinteresado y la conducta recta, como se recomienda en el Bhagavad Gita, contribuyen al desarrollo de una psique armoniosa y equilibrada, reduciendo así el impacto de Duhkha en la vida de una persona.

El alivio del sufrimiento a través del autoconocimiento también implica una comprensión profunda de la interconexión de todos los seres. El Bhagavad Gita explica el concepto de unidad, enseñando que cada entidad viviente es parte de un todo unificado. Al reconocer esta interconexión fundamental, las personas cultivan la empatía, la compasión y una perspectiva más amplia, mitigando así su propio sufrimiento y contribuyendo al bienestar de los demás.

Además, el Bhagavad Gita postula la práctica de la atención plena y la quietud mental como componentes esenciales del autoconocimiento. Al cultivar un estado mental meditativo, las personas desarrollan la capacidad de observar sus pensamientos y emociones sin apego, adquiriendo así dominio sobre las fluctuaciones de la mente y reduciendo el impacto de los estados mentales negativos.

Papel de la acción:

El sufrimiento es un aspecto inherente a la existencia humana. Se manifiesta de diversas formas, desde dolencias físicas hasta angustia emocional y agitación espiritual. Si bien el sufrimiento puede parecer un obstáculo insuperable, el Bhagavad Gita ofrece información sobre el poder transformador de la acción para experimentar y, en última instancia, trascender estas tribulaciones. La acción, o karma, se destaca como una herramienta poderosa no solo para enfrentar el sufrimiento, sino también para aprovechar su potencial para el crecimiento personal y espiritual.

El Bhagavad Gita destaca que nuestras reacciones ante la adversidad desempeñan un papel fundamental en la configuración de nuestro destino. En lugar de sucumbir a la desesperación, el texto alienta a las personas a emprender acciones rectas, imbuidas de altruismo y compasión. Postula que cumplir con los deberes con diligencia, sin apego a los frutos del trabajo, puede conducir a la mitigación del sufrimiento y al cultivo de la fuerza interior.

Además, el concepto de karma yoga, expuesto en el Bhagavad Gita, subraya la importancia del servicio desinteresado como medio para aliviar el sufrimiento. Al participar en acciones que benefician a los demás y contribuyen al bien común, las personas pueden trascender sus aflicciones personales y encontrar consuelo en el altruismo. Esta interconexión con el bienestar de la comunidad fomenta un sentido de propósito y siembra las semillas de la resiliencia frente a la adversidad.

Además, el Bhagavad Gita ensalza las virtudes de la perseverancia y la firmeza en la búsqueda de la rectitud. Propone que la adopción de medidas decisivas en consonancia con el propio dharma, o deber, incluso en medio del sufrimiento, tiene el potencial de elevar la conciencia y fomentar la evolución espiritual. Al adherirse fervientemente a los principios morales y a la conducta ética, las personas pueden transmutar su sufrimiento en un catalizador para el crecimiento personal y la autorrealización.

El poder transformador de la acción en el contexto del sufrimiento se extiende más allá del ámbito de las acciones externas; abarca el paisaje interno de pensamientos y actitudes. El Bhagavad Gita enfatiza la práctica de la ecuanimidad y la resiliencia frente a los desafíos, y aboga por un enfoque proactivo para transformar las adversidades en oportunidades para la introspección y el refinamiento del carácter.

Sufrimiento y evolución espiritual:

El Bhagavad Gita nos enseña que el sufrimiento es una parte inevitable de la vida y nos ofrece ideas sobre cómo podemos utilizar nuestras experiencias de sufrimiento como catalizadores para la evolución y el crecimiento espiritual. Una lección crucial es el concepto de resiliencia frente a la adversidad. El Bhagavad Gita nos recuerda que los desafíos y las tribulaciones son oportunidades para la fortaleza espiritual y el desarrollo del carácter. Al enfrentar el sufrimiento con fortaleza y fuerza interior, las personas pueden elevarse espiritualmente y obtener una comprensión más profunda de la naturaleza de la existencia y de su propio ser interior. Por otro lado, el Bhagavad Gita enfatiza la importancia de la compasión y la empatía al experimentar el sufrimiento propio y de los demás. Enseña que al empatizar con las luchas de los demás, las personas pueden descubrir un profundo sentido de interconexión y cultivar un espíritu de servicio y benevolencia.

Además, el Bhagavad Gita aboga por la autorreflexión y la introspección como medios para comprender la naturaleza esencial del sufrimiento. Anima a las personas a ahondar en las profundidades de su propia conciencia, tratando de comprender las causas profundas de su propio sufrimiento y el de los demás. Las enseñanzas del Bhagavad Gita también subrayan el poder transformador del sufrimiento con paciencia y dignidad. Al mantener la ecuanimidad frente al sufrimiento, las personas pueden aprovechar su potencial transformador y experimentar una metamorfosis que conduce a la evolución espiritual. Además, el Bhagavad Gita aclara que el camino hacia la liberación del sufrimiento implica discernimiento e indagación espiritual. Guía a las personas a cuestionar la naturaleza del sufrimiento, la impermanencia de la existencia material y el propósito último de la vida.

Capítulo XII
LA IMPORTANCIA DEL SERVICIO

Raíces filosóficas del Karma Yoga:

El karma yoga, tal como se expone en el Bhagavad Gita, tiene sus raíces filosóficas en un rico tapiz de textos y escrituras antiguas que forman la base de la filosofía india. El concepto de la acción desinteresada encuentra resonancia en los Upanishads, en particular en las enseñanzas de los Katha y Mundaka Upanishads, donde se expone la idea de realizar acciones sin apego a los frutos de esas acciones como un camino hacia la realización espiritual. El énfasis de los Upanishads en desapegarse de los resultados de las propias acciones se vincula con el llamado del Bhagavad Gita al servicio desinteresado como un medio para alcanzar la evolución espiritual. La sabiduría encapsulada en textos como los Vedas, los Brahma Sutras y los diversos Darshanas, sirve como base filosófica para la práctica del karma yoga. Al examinar estos textos desde la perspectiva del karma yoga, se revela una interconexión entre el alma individual (Atman) y la conciencia universal (Brahman), lo que sienta las bases para un enfoque ético y moral de la acción. Además, el concepto de "Nishkama Karma" o acción sin deseos, que se menciona en el Mahabharata y en varios Puranas, refuerza los principios fundamentales del karma yoga. Estos textos antiguos no solo brindan rigor intelectual, sino que también infunden al aspirante una comprensión más profunda del deber innato (dharma) que sustenta todas las acciones.

Actos desinteresados: La esencia del desapego:

El concepto de desapego no implica una falta de cuidado o preocupación por los demás, sino que significa un estado interior de equilibrio, donde las acciones se realizan sin apego a los resultados. Este principio aclara la comprensión de que el verdadero servicio surge de un lugar de intención pura, libre de deseos o expectativas personales. Al renunciar al apego egocéntrico al fruto de las propias acciones, las personas adoptan un enfoque altruista de la vida, fomentando un sentido más profundo de compasión y empatía hacia todos los seres. Encarnar la esencia del desapego en acciones desinteresadas es actuar como un mero instrumento en el juego cósmico, reconociendo que el papel de uno es servir y elevar a la humanidad sin buscar validación o reconocimiento. El Bhagavad Gita enfatiza la importancia de ejecutar las propias responsabilidades sin dejarse influir por los enredos mundanos. Para los practicantes de Karma Yoga, este principio sirve como una luz guía, iluminando el camino hacia la autotrascendencia y el crecimiento espiritual. Estas personas se comprometen con sus deberes con una devoción y un compromiso inquebrantables, pero no se apegan a los frutos de su trabajo y viven en un estado de sereno desapego. Este concepto desafía la narrativa convencional del éxito y el logro, y nos insta a encarnar un espíritu resiliente que permanece imperturbable ante las circunstancias externas. A través de acciones desinteresadas imbuidas de la esencia del desapego, uno cultiva inherentemente un corazón lleno de benevolencia, humildad y amor incondicional, un testimonio del poder transformador del Karma Yoga para actualizar la divinidad dentro de cada ser sintiente.

Acción e inacción:

El concepto de acción (karma) enfatiza el cumplimiento de los deberes y responsabilidades de uno sin apego a los resultados. Aboga por la ejecución de acciones rectas con un enfoque inquebrantable en el momento presente, libre de deseos personales y motivaciones egoístas. Por otro lado, la inacción (akarma) no significa simplemente pasividad o abstención de actividades. En cambio, denota un estado de desapego de las consecuencias de las propias acciones, donde el individuo permanece inafectado por el éxito o el fracaso, el placer o el dolor. Esta distinción trasciende el ámbito de los meros movimientos físicos y se adentra en el ámbito de la conciencia y la intención. El Bhagavad Gita insta a las personas a discernir la verdadera naturaleza de la acción y la inacción, enfatizando que la renuncia genuina no se caracteriza por el retiro físico del mundo sino por la liberación interior del apego. Anima a los practicantes a cumplir con sus roles obligatorios mientras mantienen un estado de desapego de los frutos de su trabajo. Este enfoque holístico del karma yoga refuerza la importancia del servicio desinteresado e ilumina la armonía subyacente entre la acción y la inacción. La narrativa desafía la dicotomía convencional entre hacer y no hacer, abogando por una perspectiva equilibrada e iluminada que trascienda las limitaciones de la percepción humana ordinaria.

El papel de la intención en las prácticas de Karma Yoga:

En la práctica del Karma Yoga, la intención es la fuerza que guía todas las acciones. El Bhagavad Gita enfatiza que las intenciones determinan la verdadera naturaleza y las consecuencias de las acciones. Según este antiguo texto, realizar actos desinteresados con intenciones puras y altruistas es crucial para el crecimiento espiritual y la liberación. La intención moldea la calidad de nuestras acciones e influye en el impacto que tienen sobre nosotros mismos y sobre los demás. Es la fuerza impulsora que alinea nuestras acciones con los principios de rectitud y compasión.

Si bien las acciones en sí mismas son esenciales, el Bhagavad Gita enfatiza que los motivos e intenciones subyacentes detrás de esas acciones son igualmente importantes. Cuando nuestras intenciones están arraigadas en el altruismo y en un deseo genuino de servir sin esperar ganancias o reconocimiento personal, nuestras acciones se convierten en ofrendas al bien mayor, trascendiendo las limitaciones del ego y los deseos individuales. Este cambio de perspectiva transforma las tareas mundanas en oportunidades significativas para el progreso espiritual y la realización interior.

Además, el texto anima a las personas a cultivar el hábito de examinar y purificar constantemente sus intenciones. La autorreflexión y la introspección son aspectos fundamentales del Karma Yoga, que permiten a los practicantes evaluar la pureza de sus motivos y hacer los ajustes necesarios para realinear sus acciones con la intención desinteresada. Al fomentar la conciencia de sus intenciones, las personas pueden asegurarse de que sus acciones no estén contaminadas por deseos egoístas o motivos ocultos, manteniendo así la esencia del Karma Yoga.

El Bhagavad Gita enfatiza que la pureza de la intención determina en última instancia las repercusiones kármicas de una acción. Los actos realizados con intenciones egoístas o interesadas crean vínculos de apego y perpetúan el ciclo de los deseos mundanos, mientras que los actos desinteresados realizados con un espíritu de dedicación contribuyen a la liberación del alma de los confines de la existencia material. Así, el Bhagavad Gita enseña que la intención es el hilo invisible que se teje a través de cada acción, dando forma al tejido moral y espiritual de la vida de un individuo.

Beneficios transformadores del altruismo y el servicio:

El concepto de actuar desinteresadamente y de servir a los demás sin apegarse a los frutos de las propias acciones produce beneficios transformadores que van más allá del bienestar individual. La práctica del altruismo y el servicio cultiva un profundo sentido de compasión y empatía por los demás, fomentando un mayor sentido de interconexión y unidad con el mundo. Este cambio de perspectiva permite a las personas trascender sus preocupaciones egocéntricas y desarrollar una comprensión más amplia de la experiencia humana.

Además, participar en actos de servicio y altruismo proporciona una sensación de realización y propósito. Al dedicarse al bienestar de los demás, uno experimenta una satisfacción interior que surge de contribuir al bien común. Esta satisfacción tiene su raíz en el reconocimiento del impacto y el cambio positivo que uno puede generar en la vida de los demás, reforzando así un sentido de significado y valor en la propia vida.

Además, los beneficios transformadores del altruismo y el servicio se extienden al ámbito del crecimiento y el desarrollo personal. La participación en actos desinteresados desafía a las personas a ampliar su capacidad de empatía, amabilidad y comprensión, fomentando así cualidades de carácter como la paciencia, la generosidad y la resiliencia. Estas virtudes no solo contribuyen al crecimiento individual, sino que también mejoran el tejido social al promover relaciones armoniosas y el bienestar comunitario.

Además, la práctica del altruismo y el servicio es un poderoso antídoto contra los sentimientos de aislamiento y desconexión que suelen asolar las sociedades modernas. Al tender una mano a los necesitados, las personas forjan vínculos significativos con los demás y cultivan un sentido de pertenencia y solidaridad dentro de sus comunidades. Esto fomenta un espíritu de cooperación y apoyo mutuo, lo que en última instancia contribuye a la creación de un tejido social inclusivo y compasivo.

Los beneficios transformadores del altruismo y el servicio se amplifican a través de sus efectos en cadena sobre la sociedad en general. Los actos de altruismo inspiran y motivan a otros a participar en acciones similares, creando un efecto dominó de cambio positivo que repercute en las comunidades y generaciones. Cuando las personas son testigos del poder transformador del altruismo, se sienten inspiradas a participar en esfuerzos colectivos destinados a abordar los desafíos sociales y promover el bien común. Este impulso colectivo conduce a la creación de un mundo más justo, equitativo y compasivo para todos.

Capítulo XIII
NATURALEZA DE LA LIBERACIÓN

Introducción a Moksha en el contexto del Gita:

En el contexto del Bhagavad Gita, moksha, que a menudo se traduce como liberación o libertad, ocupa una posición primordial como el objetivo último de la vida humana. El concepto de moksha está profundamente arraigado en el ethos filosófico y espiritual de la antigua India, y su interpretación en el Gita desempeña un papel fundamental a la hora de guiar a las personas hacia el cese del sufrimiento y el logro de la realización trascendental. En el Gita, moksha representa la culminación del viaje del alma, que marca la liberación del ciclo de nacimiento y muerte y la unión con lo divino. No es simplemente un escape de la existencia mundana, sino un estado de conciencia e iluminación que trasciende las limitaciones del reino material. Entender el moksha en el contexto del Gita requiere una exploración de sus dimensiones multifacéticas, que abarcan consideraciones éticas, metafísicas y existenciales. Además, moksha está vinculado a los temas más amplios de dharma (deber), karma (acción) y bhakti (devoción) explicados en las escrituras, lo que subraya su significado holístico en el paradigma espiritual delineado en el Gita.

El papel del desapego en la consecución de la libertad:

El desapego se refiere a la capacidad de no dejarse afectar por los frutos de las propias acciones, practicando así el desapego a los resultados materiales de esas acciones. Este principio está profundamente entrelazado con la idea del Karma Yoga, que enfatiza la acción desinteresada sin apegarse a los resultados. El Bhagavad Gita enseña que la verdadera libertad y la liberación espiritual se pueden alcanzar cuando un individuo cumple con sus deberes sin enredarse en deseos de ganancia o reconocimiento personal.

El desapego no implica apatía ni desapego de las responsabilidades mundanas. Más bien, significa un estado de equilibrio interior, en el que uno no se deja llevar por las fluctuaciones del éxito y el fracaso, el placer y el dolor. Fomenta la resiliencia para afrontar los desafíos de la vida con un espíritu inquebrantable. Este desapego de la naturaleza transitoria del mundo material permite a las personas conectarse con su conciencia superior y reconocer la impermanencia de la realidad externa.

El Bhagavad Gita ilustra la importancia del desapego mediante la metáfora de una hoja de loto que no ha sido tocada por el agua. Así como el loto flota en el agua sin ser contaminado por ella, una persona que practica el desapego permanece incólume ante las influencias del entorno externo. Esta analogía encarna la esencia del desapego, retratando a una persona que se relaciona con el mundo mientras conserva un sentido de desapego interior.

Además, el desapego fomenta una actitud de altruismo y desinterés, en consonancia con los principios del Karma Yoga. Al renunciar al apego al resultado de sus acciones, las personas pueden actuar en pos del bien común sin dejarse llevar por la ambición o el deseo personal. Esta actitud desinteresada ante el deber cultiva un sentido de unidad e interconexión, que conduce a la armonía del individuo dentro del orden cósmico más amplio.

El desapego también facilita la introspección y la autoconciencia, haciendo que las personas sean menos susceptibles a los impulsos del ego. El Bhagavad Gita enfatiza que el desapego capacita a las personas para trascender el yo inferior y darse cuenta de su divinidad innata. A través del desapego, uno puede obtener claridad de propósito y una comprensión más profunda de la interconexión de todos los seres, progresando así hacia el camino de la emancipación espiritual.

Interacción entre Karma y Moksha:

Según el Bhagavad Gita, cada acción, ya sea física, mental o emocional, genera una reacción kármica correspondiente. Esta naturaleza cíclica del karma constituye la base para comprender la experiencia humana y el desarrollo del destino individual. A medida que las almas enfrentan su viaje a través de la vida, la ley del karma actúa como el hilo invisible que entrelaza las experiencias pasadas, presentes y futuras. Establece que cada acción, intención y pensamiento conlleva implicaciones que resuenan a lo largo de la existencia.

En el contexto de Moksha, el Bhagavad Gita enseña que las personas deben esforzarse por realizar acciones desinteresadas, trascendiendo así los efectos vinculantes de los deseos y apegos impulsados por el ego. Subraya la importancia de cumplir con los deberes propios sin apegarse a los resultados, alineando así las acciones con los principios de la rectitud y el orden cósmico. Además, el texto enfatiza el cultivo de una mentalidad equilibrada, promoviendo la ecuanimidad frente al éxito y el fracaso, el placer y el dolor. Este cultivo de la acción desinteresada y desapegada es fundamental para la purificación del alma, acercándonos al objetivo último de Moksha.

Además, el Bhagavad Gita explica el concepto de "nishkama karma" (la realización de acciones sin apego a sus frutos) como un camino transformador hacia la emancipación espiritual. Un alma comprometida con el nishkama karma actúa por pura devoción, entregando los frutos de su trabajo a lo divino, liberándose así del ciclo de enredos kármicos. Para comprender la interacción entre el karma y el moksha es necesario reconocer la interconexión de todos los seres y el orden cósmico. Al experimentar el tapiz del karma con atención plena y discernimiento, las personas allanan el camino para la realización del moksha, trascendiendo los ciclos de nacimiento y muerte para unirse con la verdad eterna.

Realización espiritual - El camino más allá del materialismo:

En la búsqueda de la realización espiritual, el Bhagavad Gita nos guía a trascender los confines de las búsquedas materialistas y a adoptar un camino que nos lleve a una comprensión más profunda de la existencia. Nos invita a contemplar la naturaleza transitoria de las posesiones materiales y las experiencias sensoriales, y a buscar un estado del ser que no dependa de factores externos para su realización. Este viaje hacia la realización espiritual requiere un cambio de perspectiva, que insta a las personas a mirar más allá de lo tangible y explorar el reino de la conciencia interior y la verdad trascendental.

El Bhagavad Gita enfatiza las limitaciones de la riqueza y los placeres materiales, y alienta a las personas a reconocer la impermanencia y la naturaleza ilusoria de las actividades mundanas. A través de la introspección y la contemplación, se guía a los buscadores a que se desprendan de la búsqueda incesante de la acumulación material y se concentren en cambio en cultivar las cualidades de la paz interior, la compasión y la autorrealización. Este cambio de la validación externa a la transformación interna allana el camino para el crecimiento espiritual y la liberación de la trampa del materialismo.

Además, el camino más allá del materialismo, tal como se explica en el Bhagavad Gita, abarca un enfoque holístico de la vida, en el que las personas se esfuerzan por cultivar la armonía y el equilibrio dentro de sí mismas y de su entorno. Esto implica reconocer la interconexión de todos los seres y fomentar un sentido de unidad y compasión que trascienda las consideraciones materiales. Al rechazar los engaños de los deseos materialistas y aceptar una comprensión del yo y su conexión con el universo, las personas se embarcan en un viaje transformador hacia la realización espiritual.

Este camino también requiere el desarrollo de virtudes como la humildad, la gratitud y la satisfacción, que sirven como pilares de fortaleza en el viaje más allá del materialismo. A través de la autodisciplina y la atención plena, los practicantes de las enseñanzas del Bhagavad Gita se alinean con un propósito superior que se extiende más allá de las atracciones efímeras del mundo material. Al cultivar una actitud de desapego y ecuanimidad, las personas se liberan gradualmente de las cadenas de los deseos materiales y avanzan hacia un estado de abundancia espiritual e iluminación.

La trascendencia de la mente y el ego:

El concepto de trascender la mente y el ego implica ir más allá de las limitaciones de la mente individual y desprenderse de las tendencias egoístas que nos atan a la existencia material. El Bhagavad Gita enseña que, superando las fluctuaciones de la mente y subyugando el ego, se puede alcanzar un estado de paz interior y libertad. Hace hincapié en la necesidad de cultivar una conciencia superior que trascienda las dualidades e ilusiones creadas por la mente.

La trascendencia de la mente y el ego está vinculada a la práctica de la meditación y la atención plena. A través de la práctica disciplinada, las personas pueden aprender a observar sus pensamientos y emociones sin enredarse en ellos, adquiriendo así una comprensión más profunda del yo. Este proceso implica reconocer la naturaleza transitoria de las actividades de la mente y desarrollar la capacidad de permanecer arraigados en un estado de ecuanimidad independiente de las circunstancias externas.

Además, el Bhagavad Gita explica el papel del altruismo en la superación del ego. Al participar en el servicio desinteresado y en acciones altruistas, las personas pueden disminuir la influencia del ego, que se nutre de deseos y apegos egocéntricos. El texto subraya la importancia de cultivar un espíritu de humildad y empatía, que fomenta la disolución de la autoobsesión y promueve un sentido de interconexión con todos los seres.

Además, el Bhagavad Gita expone la idea de entregar el ego a la voluntad divina. Al reconocer la inteligencia cósmica en acción, se anima a las personas a renunciar a la ilusión de control y a reconocer su interdependencia con el universo. Esta rendición no es un acto de resignación, sino más bien una afirmación de confianza y fe en un orden superior y universal.

En última instancia, la trascendencia de la mente y el ego conduce a la realización de la propia divinidad innata y la unidad con el Supremo. Este estado de despertar espiritual aporta claridad y comprensión, permitiéndonos percibir la armonía subyacente en la diversidad de la existencia. Nos libera de los confines de la identidad limitada y nos otorga acceso a una conciencia ilimitada que trasciende las limitaciones mortales.

El papel del conocimiento - Jnana Yoga y la iluminación:

En el Bhagavad Gita, el concepto de Jnana Yoga enfatiza el papel del conocimiento en la búsqueda de la iluminación y la liberación. Este camino se centra en el cultivo de la sabiduría y el discernimiento para obtener conocimientos sobre la verdadera naturaleza de la realidad y del ser. Jnana Yoga alienta a las personas a indagar profundamente sobre las cuestiones fundamentales de la existencia, explorando la naturaleza de la conciencia, la ilusión del ego y la interconexión de todas las cosas. A través de una rigurosa introspección y exploración intelectual, los practicantes de Jnana Yoga buscan trascender las limitaciones de la mente y alcanzar un estado de conciencia y comprensión puras.

En la búsqueda del autodescubrimiento y la transformación interior, la práctica del Jnana Yoga proporciona a las personas las herramientas necesarias para desentrañar las capas de condicionamiento y conceptos erróneos que ocultan su verdadera esencia. Al profundizar en las enseñanzas filosóficas y la reflexión contemplativa, los buscadores del camino del Jnana Yoga se esfuerzan por superar la ignorancia y obtener claridad sobre la realidad última. Este proceso de purificación interior y refinamiento intelectual sirve como medio para descubrir las verdades que conducen a la liberación.

El Jnana Yoga se basa en el cultivo de viveka, o discernimiento, que permite a las personas diferenciar entre lo transitorio y lo eterno. Los practicantes aprenden a discernir lo falso de lo real, lo impermanente de lo inmutable y el yo individual de la conciencia universal. Al perfeccionar esta facultad discriminatoria, uno puede desenredarse gradualmente de la red de ilusiones y darse cuenta de su naturaleza espiritual esencial. El Jnana Yoga también enfatiza la importancia de vairagya, o desapego, animando a los practicantes a desarrollar un sentido de desapego a las posesiones materiales, las emociones fugaces y las experiencias transitorias. Este desapego fomenta un enfoque interno, permitiendo a las personas dirigir su atención hacia la búsqueda de un conocimiento superior y una visión espiritual.

Además, el Jnana Yoga pone énfasis en el estudio de las escrituras sagradas, los textos filosóficos y la guía de maestros iluminados como fuentes indispensables de sabiduría. Las escrituras proporcionan conocimientos sobre las verdades metafísicas, la naturaleza del yo y los principios que gobiernan el universo, fomentando una comprensión profunda de la interconexión de toda la existencia. La guía de sabios y gurús otorga a los aspirantes un conocimiento invaluable y una sabiduría práctica, iluminando el camino hacia la iluminación.

Autodescubrimiento y transformación interior:

El concepto de autodescubrimiento implica ahondar en la propia conciencia para llegar a comprender la verdadera naturaleza del yo. Requiere introspección, autorreflexión y voluntad de enfrentarse al ego y sus apegos. La transformación interior, por otra parte, es el proceso de evolución espiritual, mental y emocional para alinearse con verdades y principios superiores.

En el contexto del Bhagavad Gita, el autodescubrimiento y la transformación interior están entrelazados, ya que la búsqueda del autoconocimiento conduce inevitablemente a una experiencia interior transformadora. El texto enfatiza la importancia de la autoconciencia y las prácticas introspectivas como la meditación, la introspección y la atención plena para facilitar este proceso de autodescubrimiento. Además, la transformación interior se describe como un viaje continuo, marcado por el crecimiento personal, la resiliencia emocional y una capacidad cada vez mayor de compasión y empatía.

Las enseñanzas del Bhagavad Gita destacan la importancia de cultivar virtudes como la humildad, la paciencia y la fuerza interior para fomentar la transformación interior. Además, el texto aclara que la transformación interior requiere un cambio de conciencia que lleve a una mayor conciencia de la interconexión universal y de la presencia divina dentro de uno mismo y de los demás. El Bhagavad Gita también subraya el papel de la conducta ética y la vida virtuosa como componentes integrales de la transformación interior. Al alinear las propias acciones con el dharma y los valores morales, las personas pueden contribuir positivamente a su propia evolución espiritual y al bienestar de la sociedad.

Además, el Bhagavad Gita subraya el poder transformador de la devoción y la entrega para fomentar el crecimiento interior. La práctica del bhakti yoga, que se caracteriza por una devoción inquebrantable a lo divino, se considera un potente catalizador de la transformación interior. A través de prácticas devocionales como la oración, el canto y los rituales, las personas pueden cultivar un profundo sentido de conexión con lo divino, lo que conduce a cambios internos y al despertar espiritual.

Unión Divina - Bhakti como Vehículo para la Liberación:

Bhakti, el camino de la devoción, abarca una devoción inquebrantable y ferviente al Ser Supremo, trascendiendo las limitaciones de la existencia material y conduciendo al practicante hacia la unión definitiva con lo divino. El cultivo del amor y la adoración por lo divino es fundamental en la práctica del bhakti. Esta conexión profunda y emocional con Dios actúa como una fuerza transformadora que guía a las personas hacia el altruismo, la compasión y la humildad. A través de la práctica del bhakti, uno experimenta una contemplación y un recuerdo continuos de lo divino, fomentando una relación íntima que finalmente disuelve las fronteras entre el adorador y el adorado. El Bhagavad Gita explica varias formas de bhakti, enfatizando que el objetivo final es alcanzar el amor puro e incondicional por lo divino sin expectativas ni deseos de ganancia personal. Ya sea a través de la oración, canciones devocionales, rituales o actos de servicio, la esencia del bhakti radica en la entrega total a la voluntad divina, reconociendo la omnipresencia y omnipotencia del Ser Supremo. Además, el texto enfatiza la universalidad del bhakti, afirmando que individuos de todos los ámbitos de la vida pueden adoptar este camino. Independientemente del estatus social, el género o la ocupación, la práctica del bhakti ofrece un enfoque universal e inclusivo del crecimiento espiritual, subrayando la noción de que la devoción genuina trasciende las diferencias externas y unifica a todos los seres en la búsqueda común de la realización divina. Como defensor de la devoción, el Bhagavad Gita revela que el bhakti sincero conduce a la purificación de la mente y el corazón, permitiendo a los individuos trascender los apegos mundanos y alcanzar la paz interior. La práctica del bhakti infunde virtudes como la gratitud, el perdón y la empatía, fomentando una vida armoniosa y virtuosa.

Capítulo XIV
DEBER Y RECTITUD

Introducción al Dharma:

Dharma, término derivado del sánscrito, significa ley y orden en un contexto cósmico. El término abarca un amplio espectro de significados, que abarcan el deber, la rectitud y la obligación moral. Tiene profundas raíces en las tradiciones védicas y constituye un concepto fundamental en la filosofía hindú. En esencia, el dharma proporciona un marco para vivir una vida virtuosa y plena, haciendo hincapié en la interconexión de la conducta individual con el bienestar de la sociedad y el universo. El dharma no es solo un conjunto de reglas o mandamientos, sino también un principio rector que subyace a todo el orden cósmico. Infunde dimensiones éticas y morales en cada aspecto de la existencia humana, y sirve como brújula para experimentar las complejidades de la vida. La naturaleza multifacética del dharma subraya su importancia en varios ámbitos, incluida la conducta personal, la armonía social y la evolución espiritual. Dentro de este marco multifacético, el dharma delinea las responsabilidades del individuo hacia sí mismo, la familia, la comunidad y la humanidad en general, destacando el vínculo inseparable entre el deber personal y el bienestar colectivo.

En el Bhagavad Gita, el dharma es un tema central que impregna todo el texto y sirve como principio rector para las personas que buscan la realización espiritual. El Gita presenta el dharma como algo más que un mero deber; abarca la rectitud, las obligaciones morales y la conducta ética. A través de sus enseñanzas, el Gita enfatiza la importancia de adherirse al propio svadharma, o deber inherente, al tiempo que reconoce los desafíos y dilemas que las personas pueden enfrentar cuando se esfuerzan por alinearse con su camino recto.

Además, el texto destaca la naturaleza eterna del dharma, presentándolo como un componente esencial del orden cósmico y la armonía universal. Proclama que defender el dharma es crucial para el bienestar individual, así como para el bienestar de la sociedad en general.

Deber vs. Deseo:

El deber, a menudo representado por el concepto de Dharma, es el camino recto u obligación moral que debe seguir un individuo para mantener el orden y la armonía en el mundo. Por otra parte, el deseo abarca los diversos anhelos y apegos que nacen del ego y que nos alejan de la rectitud y del crecimiento espiritual.

La indagación filosófica sobre el deber versus el deseo profundiza en los conflictos y dilemas internos que experimentan las personas en su búsqueda de llevar una vida virtuosa. Plantea preguntas fundamentales sobre la naturaleza de la existencia humana y las decisiones que tomamos al experimentar esta red de deber y deseo. El Bhagavad Gita nos insta a contemplar si nuestras acciones están impulsadas por el deber altruista o por deseos egoístas, y cómo estas motivaciones dan forma a nuestras consecuencias kármicas.

Esta indagación nos lleva a explorar la interacción entre el deber y el deseo en el contexto de la toma de decisiones morales. Nos desafía a analizar los motivos subyacentes a nuestras acciones y a discernir si se alinean con nuestro propósito superior o si sólo buscan nuestra gratificación personal. Al examinar las implicaciones éticas de priorizar el deber sobre el deseo, o viceversa, el investigador se ve obligado a enfrentar las tensiones que surgen de responsabilidades y aspiraciones conflictivas.

Además, esta indagación filosófica alienta la introspección sobre el origen de los deseos y su impacto en nuestro sentido del deber. Invita a las personas a evaluar si la búsqueda de deseos fugaces obstaculiza su capacidad de cumplir con los deberes que les han sido asignados o si contribuye a un equilibrio armonioso entre las aspiraciones personales y las obligaciones sociales.

La justicia en acción:

El concepto de rectitud está entretejido en la filosofía hindú, y enfatiza la importancia de la acción moral y la conducta ética en todos los aspectos de la vida. En el Bhagavad Gita, el Señor Krishna expone la importancia de mantener la rectitud y cumplir con el deber con sinceridad e integridad. Este énfasis en la rectitud tiene implicaciones de largo alcance que van más allá de la conducta personal.

Una de las implicaciones éticas fundamentales de la rectitud es la promoción de la armonía y el bienestar social. Cuando las personas se adhieren a sus deberes prescritos y mantienen una conducta recta, se fomenta un ambiente de respeto mutuo, cooperación y comprensión dentro de la sociedad. El Bhagavad Gita aboga por el cumplimiento del deber de cada uno sin apego a los resultados, lo que conduce a una sociedad gobernada por principios éticos en lugar de deseos egoístas o ganancias personales.

Además, la rectitud en la acción abarca el trato ético a los demás. Exige compasión, empatía y no violencia en todas las interacciones. Esto se extiende a la responsabilidad de los individuos hacia el medio ambiente, los animales y los demás seres humanos. Se subraya la interconexión de toda la vida, enfatizando la necesidad de prácticas éticas y sostenibles en la vida diaria.

Además, las implicaciones éticas de la rectitud están estrechamente vinculadas al concepto de justicia y equidad. Al mantener una conducta virtuosa, las personas contribuyen al establecimiento de una sociedad justa y equitativa. Esto implica defender los derechos y la dignidad de todos los miembros de la sociedad, independientemente de su condición social, género u origen. El Bhagavad Gita propone la idea de que todas las personas tienen derecho a cumplir con sus deberes y su rectitud, y hace hincapié en la necesidad de inclusión y justicia social.

Otra implicación ética fundamental radica en la adhesión a la verdad y la honestidad. La rectitud en la acción subraya la importancia de la transparencia, la integridad y la veracidad en todas las relaciones. Este fundamento ético es crucial para generar confianza y fomentar relaciones genuinas dentro de la sociedad, sentando las bases para una comunidad con principios y moralmente correcta.

El papel de la intuición en el reconocimiento del deber:

La intuición, a menudo descrita como la capacidad de comprender o aprehender algo inmediatamente sin necesidad de razonamiento consciente, desempeña un papel crucial en el discernimiento del propio deber, o dharma. En el contexto del Bhagavad Gita, se venera la intuición como un medio para comprender el propio propósito y las responsabilidades en la vida. A diferencia de la toma de decisiones racional, que se basa en el análisis lógico y en factores externos, la intuición aprovecha una sabiduría innata que trasciende el intelecto.

Las enseñanzas de Krishna en el Bhagavad Gita enfatizan la importancia de reconocer el propio dharma a través de la guía interior. Alienta a Arjuna a confiar en su intuición y actuar de acuerdo con su naturaleza fundamental, o svadharma. Este concepto sugiere que al alinearnos con nuestra naturaleza esencial, podemos reconocer intuitivamente nuestros deberes y obligaciones tanto en el ámbito personal como en el social.

Además, la noción de intuición en el Bhagavad Gita subraya la idea de que el deber surge de un sentido interno de llamado y no de imposiciones externas. Implica que los individuos poseen una capacidad inherente para comprender sus roles y obligaciones al sintonizarse con su voz interior. Esto se alinea con la creencia general de que cada individuo es único, con un conjunto distinto de habilidades, inclinaciones y responsabilidades. Por lo tanto, el papel de la intuición es fundamental para comprender y adoptar este dharma distintivo.

Es importante señalar que el proceso de recurrir a la intuición para reconocer el deber no prescinde de la reflexión reflexiva y las consideraciones éticas. Más bien, complementa y enriquece el proceso de toma de decisiones al integrar una perspectiva más profunda y holística. La intuición, cuando se perfecciona y refina mediante la práctica espiritual y la autoconciencia, sirve como luz guía para experimentar las complejidades de la vida y defender la rectitud en las acciones.

En esencia, la exploración que hace el Bhagavad Gita de la intuición y el deber subraya la interconexión entre el alma individual y el orden cósmico más amplio. Al cultivar el discernimiento intuitivo, las personas no sólo cumplen con sus deberes personales, sino que también contribuyen positivamente al funcionamiento armonioso del tejido social. El equilibrio entre la responsabilidad personal y la armonía social está, por tanto, ligado al cultivo y la aplicación de la intuición para reconocer y perseguir el propio dharma.

Capítulo XV
REALIDAD Y PERCEPCIÓN

Fundamentos filosóficos de la ilusión:

El concepto de Maya, tal como se presenta en la filosofía hindú, está profundamente arraigado en la comprensión de la realidad y la percepción. Desde el punto de vista filosófico, Maya suele considerarse la ilusión cósmica que oculta la verdadera naturaleza de la existencia. Esta noción se deriva de la creencia de que el mundo material, tal como lo perciben los sentidos humanos, es transitorio y efímero, lo que conduce a una distorsión de la realidad. Esta perspectiva invita a explorar los principios fundamentales que sustentan este concepto filosófico.

En esencia, los fundamentos filosóficos de la ilusión se adentran en la naturaleza de la conciencia y su relación con el universo manifestado. El Vedanta Advaita, una escuela destacada de la filosofía hindú, ofrece una interpretación distinta de Maya, al postular que la realidad última (Brahman) está oscurecida por la multiplicidad ilusoria del mundo fenoménico. A través de la lente del Vedanta Advaita, Maya se percibe como un velo que obstruye la realización de la unidad subyacente de la existencia. Esta interpretación enfatiza la naturaleza eterna e inmutable de Brahman, yuxtapuesta a la naturaleza siempre cambiante y transitoria del mundo empírico, dando lugar así al concepto de ilusión.

Además, los fundamentos filosóficos de Maya se entrecruzan con la investigación metafísica sobre la naturaleza del conocimiento y la percepción. Dentro de la filosofía india, las escuelas Nyaya y Vaisheshika han deliberado sobre los aspectos epistemológicos de la percepción y la cognición, contribuyendo a la elucidación de la naturaleza ilusoria de los fenómenos. Estas exploraciones filosóficas giran en torno a la comprensión de que la cognición humana está sujeta a limitaciones y distorsiones, lo que influye en la interpretación de la realidad. La interacción entre la percepción sensorial, la inferencia y el testimonio constituye el quid de estas discusiones, destacando cómo las facultades cognitivas pueden generar construcciones ilusorias.

Además, los fundamentos filosóficos de la ilusión se extienden a una contemplación de las implicaciones ontológicas de Maya. En el ámbito de la filosofía Samkhya, la estructura de la existencia se delinea en purusha (conciencia) y prakriti (materia). Maya, en este contexto, está entrelazada con prakriti, encapsulando los constituyentes elementales del universo manifiesto. El entrelazamiento de la conciencia y la materia da lugar a la interacción dinámica de creación y disolución, reforzando aún más la naturaleza ilusoria de los fenómenos mundanos.

Realidad vs. Percepción:

El Bhagavad Gita profundiza en la comprensión de que lo que percibimos como realidad a menudo está determinado por nuestras percepciones y experiencias individuales. Cuestiona la noción de que lo que parece real puede ser en realidad una ilusión formada por nuestros sentidos y nuestra mente condicionada. Esta perspectiva plantea preguntas sobre la naturaleza de la existencia y cómo comprendemos el mundo que nos rodea.

La dualidad entre realidad y percepción pone en tela de juicio la fiabilidad de nuestros sentidos y la manera en que interpretan el mundo exterior. Plantea una pregunta fundamental: si nuestras experiencias sensoriales reflejan verdaderamente una realidad objetiva o si son meras construcciones subjetivas de nuestra mente. Esta tensión entre lo que es objetivamente real y lo que percibimos subjetivamente crea un enigma filosófico que ha sido debatido durante milenios.

Además, el Bhagavad Gita nos invita a contemplar las implicaciones de esta dualidad en nuestra comprensión de la verdad y el conocimiento. Si nuestra percepción es falible y susceptible a la ilusión, ¿cómo podemos discernir lo que es realmente real? Este dilema nos desafía a reconocer las limitaciones de nuestras facultades sensoriales y enfatiza la necesidad de trascender la percepción ordinaria para alcanzar verdades superiores.

Además, el texto alienta a una introspección más profunda sobre la naturaleza de nuestra conciencia y nuestro conocimiento. Nos incita a considerar cómo nuestro condicionamiento mental y nuestros sesgos cognitivos influyen en nuestra percepción de la realidad. Esta contemplación revela la relación entre la mente y la percepción del mundo, lo que en última instancia conduce al reconocimiento de los velos autoimpuestos que oscurecen la verdadera naturaleza de la realidad.

El papel de los sentidos en la configuración de la realidad:

La experiencia humana está determinada fundamentalmente por las percepciones sensoriales, que sirven como conductos a través de los cuales interactuamos con el mundo. Cada uno de nuestros cinco sentidos (vista, oído, tacto, gusto y olfato) desempeña un papel crucial en la configuración de nuestra comprensión del entorno externo.

La información sensorial constituye la base de nuestras experiencias diarias e influye en nuestros pensamientos, emociones y acciones. El Bhagavad Gita enfatiza que estas percepciones sensoriales no son intrínsecamente defectuosas, sino que tienen el potencial de llevarnos por mal camino si no las controlamos. Destaca la tendencia de la mente a apegarse a la gratificación sensorial, lo que conduce a una percepción distorsionada de la realidad.

Además, el texto profundiza en el concepto de indriyas, u órganos internos de la percepción, que se extienden más allá de los cinco sentidos tradicionales para abarcar la mente y el intelecto. La interacción de los indriyas con los estímulos sensoriales externos subraya aún más la complejidad de la percepción humana y la formación de la realidad.

Además, el Bhagavad Gita expone la idea de que una mente y unos sentidos descontrolados pueden llevar a la ilusión de que las actividades materiales son la fuente última de la felicidad. Al sucumbir a la tentación de los placeres sensoriales, las personas pueden desviarse de su verdadero propósito y perder de vista su esencia espiritual.

Para superar las limitaciones impuestas por las percepciones sensoriales, el Bhagavad Gita aboga por la autodisciplina y el dominio de los sentidos. Ilumina el camino de la autoconciencia e insta a las personas a trascender el atractivo pasajero de la gratificación sensorial en pos de la realización espiritual. A través de la práctica de la atención plena, uno puede adquirir el dominio de los sentidos, lo que permite una percepción más clara y precisa de la realidad y una conexión más profunda con el yo interior.

Perspectivas vedánticas sobre Maya:

En la tradición vedántica, Maya suele describirse como la ilusión cósmica que oculta la verdadera naturaleza de la realidad. Según el Vedanta, el universo es una proyección de la mente y Maya es la fuerza que crea la apariencia de multiplicidad y diversidad en el mundo. Este concepto está profundamente arraigado en los Upanishads y constituye un aspecto fundamental de la filosofía Advaita Vedanta. Los eruditos y sabios vedánticos han expuesto la naturaleza de Maya a través de diversas escrituras, comentarios y tratados filosóficos, aportando conocimientos sobre sus implicaciones para la existencia humana y la evolución espiritual.

Desde una perspectiva vedántica, Maya no es simplemente una ilusión que debe rechazarse o trascenderse, sino más bien un velo que debe traspasarse para comprender la unidad subyacente de la existencia. Las enseñanzas enfatizan que la realidad última, conocida como Brahman, está más allá del alcance de los sentidos y la comprensión racional, y que Maya distrae a las personas de comprender su naturaleza esencial como seres divinos. Al profundizar en el estudio de Maya, uno puede obtener una comprensión más profunda de la interacción entre la conciencia, la percepción y el mundo fenoménico, lo que en última instancia conduce a realizaciones espirituales.

El Vedanta afirma que Maya opera tanto a nivel individual como cósmico, manifestándose como ignorancia, deseo y apego que atan a los individuos al ciclo del nacimiento y la muerte. A través de una rigurosa introspección y autoindagación, los practicantes del Vedanta buscan desentrañar la naturaleza ilusoria de sus identidades individuales y cultivar una conciencia de su divinidad inherente. Las perspectivas filosóficas que ofrece el Vedanta sirven como guía para experimentar las ilusiones del mundo material y encontrar la liberación del ciclo del Samsara.

Además, el Vedanta presenta el concepto de Maya como una expresión dinámica de la potencia creativa divina, que facilita el juego del cosmos y al mismo tiempo oculta la verdad subyacente. Entender a Maya dentro de este marco permite a las personas apreciar la coexistencia armoniosa de la diversidad aparente y la unidad inmutable, alimentando así un sentido de admiración y reverencia por el tapiz de la creación. Fomenta un cambio de perspectiva, pasando de percibir a Maya como una fuerza engañosa a reconocerla como un catalizador para el crecimiento y la realización espiritual.

Interpretando a los mayas a través de una perspectiva moderna:

La interpretación de Maya desde una perspectiva moderna implica examinar su relevancia en el contexto de la ciencia cognitiva, la neurociencia y el discurso filosófico contemporáneo. La exploración de Maya a la luz de la psicología cognitiva profundiza en los mecanismos de percepción, cognición y construcción de la realidad dentro de la mente humana. Este enfoque interdisciplinario arroja luz sobre cómo el cerebro humano procesa la información sensorial y construye experiencias subjetivas, influyendo así en las interpretaciones individuales de la realidad. Además, la investigación neurocientífica ha proporcionado información sobre las limitaciones y los sesgos perceptivos que dan forma a nuestra comprensión del mundo, ofreciendo paralelos convincentes con el concepto de Maya como una proyección ilusoria.

Desde un punto de vista filosófico, las interpretaciones modernas de los mayas establecen vínculos con el existencialismo, la fenomenología y el pensamiento posmoderno, lo que incita a la contemplación de la naturaleza de la existencia, la verdad y el yo. El examen de los mayas a través de estos prismas invita a plantear preguntas provocativas sobre la naturaleza de la realidad, la fluidez de las verdades y los límites entre lo percibido y lo real. Además, los avances tecnológicos han dado lugar a interesantes debates sobre la realidad virtual, la teoría de la simulación y los posibles paralelismos entre los entornos artificiales y la naturaleza ilusoria de los mayas, tal como se expone en los textos antiguos.

Capítulo XVI
LA BÚSQUEDA DEL CONOCIMIENTO

La naturaleza del verdadero conocimiento:

El verdadero conocimiento, al que a menudo se hace referencia como "vidya" en el Bhagavad Gita, encarna una conciencia de la naturaleza intrínseca de la realidad y del yo. Esta forma de conocimiento no es meramente cognitiva sino también experiencial, y surge de una profunda conexión con los principios divinos expuestos en el Bhagavad Gita. La naturaleza del verdadero conocimiento abarca una comprensión de los aspectos eternos y transitorios de la existencia, que esclarece la interacción entre la esencia inmutable del yo y las manifestaciones impermanentes del mundo material. Implica reconocer la unidad subyacente en medio de la aparente diversidad de la creación, iluminando así la interconexión de todos los seres. Además, el Bhagavad Gita enfatiza que el verdadero conocimiento supera la comprensión empírica, superando las limitaciones de la percepción y la intuición. Implica una comprensión intuitiva de las verdades universales y una comprensión holística del tapiz de la existencia. Este fundamento filosófico acentúa la necesidad de que los buscadores trasciendan las dualidades del mundo fenoménico y desarrollen una perspectiva integral que abarque las dimensiones espiritual, moral y ética de la vida.

Conocimiento vs. Ignorancia:

El conocimiento, tal como se describe en las escrituras, abarca más que la mera comprensión intelectual; se extiende al reino de la sabiduría intuitiva y la autorrealización. El verdadero conocimiento, al que se hace referencia como "jnana" en el Bhagavad Gita, trasciende las limitaciones de la comprensión empírica o racional. Implica una comprensión experiencial de la interconexión de toda la existencia, la impermanencia de los fenómenos materiales y la unidad subyacente de lo divino. Este conocimiento superior libera al individuo de los ciclos de nacimiento y muerte y conduce a la iluminación.

Por el contrario, la ignorancia, denominada avidya, representa un estado de ceguera espiritual y engaño. Oculta la verdadera naturaleza de la realidad y perpetúa el apego a los fenómenos transitorios, lo que conduce al sufrimiento y al enredo en el mundo material. El Bhagavad Gita enfatiza que la ignorancia no es simplemente la ausencia de conocimiento, sino una fuerza sustancial que vela la divinidad inherente a cada ser. Fomenta el egoísmo, los deseos y la aversión, atrincherando aún más a los individuos en la red de la ilusión.

El texto ilustra que la búsqueda del conocimiento sirve como medio para disipar la ignorancia y desentrañar los misterios de la existencia. Al cultivar el discernimiento y la autoconciencia, uno puede superar gradualmente los velos de la ignorancia y obtener una visión de las verdades eternas expuestas en el Bhagavad Gita. Además, las escrituras afirman que erradicar la ignorancia requiere no solo la adquisición de conocimiento sino también la práctica de virtudes como la humildad, la compasión y el desapego.

El autoconocimiento - La esencia de la comprensión espiritual:

El autoconocimiento, tal como se expone en el Bhagavad Gita, representa la piedra angular de la comprensión y el crecimiento espiritual. Profundiza en la indagación sobre la verdadera naturaleza del yo, trascendiendo las capas superficiales del ego y el condicionamiento social para revelar la divinidad innata dentro de cada individuo. Esta indagación no solo conduce a un mayor sentido de introspección, sino que también fomenta un cambio transformador en la conciencia.

En la búsqueda del autoconocimiento, las personas están llamadas a emprender una rigurosa autorreflexión, cuestionando el propósito de su existencia y arrojando luz sobre los motivos subyacentes que impulsan sus acciones. Este proceso introspectivo implica una confrontación honesta con los propios miedos, deseos y limitaciones, que actúa como catalizador para la evolución personal y la autotrascendencia.

Además, el Bhagavad Gita explica la noción del autoconocimiento como un medio para discernir la esencia eterna de lo efímero. Al reconocer la impermanencia de las posesiones materiales y las experiencias transitorias, las personas pueden desprenderse de las ataduras de los apegos mundanos y obtener una visión más profunda de su verdadera identidad como seres espirituales embarcados en un viaje temporal.

El cultivo del autoconocimiento se presenta como un proceso transformador que conduce a la claridad y la autorrealización. A través de la lente de la autoconciencia, uno adquiere la capacidad de alinear sus pensamientos y acciones con su propósito superior, fomentando una integración armoniosa de los reinos interno y externo. Esta alineación interna se convierte en la base para la realización genuina y una vida con propósito, trascendiendo la mera búsqueda de placeres transitorios y éxito material.

Además, el Bhagavad Gita destaca la interconexión entre el autoconocimiento y la obtención de la sabiduría espiritual. Subraya el papel fundamental de la autoconciencia para comprender las verdades universales expuestas por las enseñanzas divinas, lo que permite a las personas interpretar y aplicar estos conocimientos en su vida diaria. Esta comprensión holística sirve como una brújula que guía a las personas hacia una vida imbuida de virtud, compasión y sabiduría trascendental.

La interacción entre el conocimiento y la acción:

En el Bhagavad Gita, la interacción entre el conocimiento ilustra la importancia de asumir responsabilidades mundanas mientras se busca la comprensión espiritual. El concepto de "Karma Yoga", tal como lo expuso el Señor Krishna, enfatiza la integración de la acción desinteresada con la sabiduría discernidora. Destaca la idea de que el verdadero conocimiento se obtiene no solo a través de la contemplación y la comprensión, sino también a través de la aplicación de esos conocimientos en la vida cotidiana. Esta unión de conocimiento y acción transmite que las acciones de uno deben estar gobernadas por la rectitud, desprovistas de apego a los frutos del trabajo. Al realizar deberes con un sentido de devoción y dedicación, las personas despiertan al poder transformador de la acción consciente. Además, el Bhagavad Gita ordena a las personas actuar sin deseos egoístas ni egoísmo, enfatizando que tales esfuerzos desinteresados conducen al enriquecimiento del alma y contribuyen al bien mayor.

La integración perfecta de conocimiento y acción que se presenta en el Bhagavad Gita subraya la esencia de la vida holística, en la que la búsqueda de la iluminación no está desvinculada de los compromisos mundanos, sino que, más bien, los infunde de significado y propósito. Anima a las personas a abordar sus responsabilidades con atención plena, compasión e integridad, elevando así las tareas mundanas a actos de importancia espiritual. A través de la lente del Bhagavad Gita, cada acción se convierte en una oportunidad para la autorrealización y la expresión de las virtudes internas, reforzando la interconexión de los reinos material y espiritual.

Además, la interacción entre el conocimiento y la acción subraya el potencial transformador de alinear las acciones de uno con los principios nobles y la conducta ética. Las enseñanzas del Bhagavad Gita sostienen que la sabiduría sin aplicación práctica conduce al estancamiento, mientras que la acción carente de visión espiritual puede perpetuar la ignorancia. Por lo tanto, el Bhagavad Gita imparte la comprensión de que el verdadero conocimiento debe manifestarse en una conducta recta, llevando a las personas a encarnar virtudes superiores e integridad moral. Al actualizar el conocimiento a través de la acción virtuosa, las personas se convierten en agentes de cambio positivo, contribuyendo a la evolución armoniosa tanto de sí mismas como del mundo que las rodea.

Inteligencia Divina:

Uno de los temas centrales del discurso de Krishna es el concepto de "Buddhi" o inteligencia divina, que representa el discernimiento innato y la intuición superior que lleva a las personas a realizar acciones correctas y al crecimiento espiritual. Según Krishna, esta inteligencia divina emana de la naturaleza esencial del ser y brinda claridad en medio de la confusión y los dilemas morales. A través del Bhagavad Gita, Krishna explica la importancia de alinear las acciones de uno con los principios del dharma y el karma, enfatizando así el papel fundamental de la inteligencia divina en la toma de decisiones conscientes. Además, Krishna imparte sabiduría sobre la interconexión de todos los seres y la naturaleza eterna del alma, elucidando la esencia trascendente de la existencia y la conciencia. Al integrar estas enseñanzas en la vida de uno, las personas pueden cultivar una conciencia más profunda y una sintonía con la inteligencia divina que impregna el cosmos. Además, las ideas de Krishna resaltan el poder transformador del amor y la devoción al despertar la sabiduría latente dentro del corazón humano, subrayando el principio universal de unidad y compasión. Sus enseñanzas alientan a los buscadores a adoptar una perspectiva expansiva que trascienda las dualidades y limitaciones, fomentando una relación armoniosa con la inteligencia suprema que gobierna el universo. A través de la contemplación y la introspección sobre los discursos de Krishna, las personas pueden despertar su potencial latente y alcanzar un estado de conciencia superior, en el que la inteligencia divina se convierte en una fuerza guía en sus vidas. Como tal, las ideas de las enseñanzas de Krishna en el Bhagavad Gita ofrecen una hoja de ruta para alinear la conciencia de uno con la inteligencia divina que orquesta la danza cósmica de la creación, la preservación y la disolución.

El papel de la intuición y la razón en la búsqueda de la sabiduría:

La intuición, a menudo descrita como una forma de conocimiento o percepción interior, desempeña un papel crucial a la hora de guiar a las personas hacia verdades y una comprensión más profundas. A diferencia del conocimiento empírico derivado de las experiencias sensoriales, la intuición trasciende las limitaciones del intelecto y ofrece conocimientos que desafían la explicación lógica. En el contexto del Bhagavad Gita, la intuición está entrelazada con el yo superior o la conciencia divina y sirve como canal para la revelación espiritual y la iluminación. Impulsa a las personas a mirar más allá de las apariencias superficiales y a conectarse con la inteligencia cósmica que impregna toda la existencia. Sin embargo, mientras que la intuición proporciona acceso a las verdades, la razón actúa como su contraparte, permitiendo la comprensión intelectual y la asimilación de estos conocimientos. La razón sirve como herramienta a través de la cual se analizan, sintetizan y aplican las revelaciones intuitivas en contextos prácticos. El Bhagavad Gita enfatiza la integración armoniosa de la intuición y la razón, reconociendo que ambas facultades son esenciales para la obtención y aplicación de la sabiduría. Advierte contra los peligros de confiar únicamente en la intuición sin la influencia moderadora de la razón, lo que podría llevar a interpretaciones equivocadas y acciones poco prácticas. Por el contrario, una confianza excesiva en la razón a expensas de la intuición puede restringir la comprensión de uno a los confines del conocimiento y la lógica convencionales, impidiendo la comprensión de verdades espirituales más profundas.

Capítulo XVII
EL PAPEL DEL GURÚ

El papel del gurú como catalizador de la transformación interior está profundamente arraigado en las tradiciones espirituales de numerosas culturas y filosofías, incluidas las enseñanzas del Bhagavad Gita. Un gurú genuino es mucho más que un simple instructor: encarna la sabiduría y la iluminación que busca el buscador sincero. Su presencia y guía tienen el potencial de iniciar un proceso de despertar interior y evolución en el discípulo.

En el centro de esta influencia catalítica se encuentra la capacidad del gurú de transmitir verdades espirituales a través de sus palabras, acciones e incluso su presencia silenciosa. La relación mentor-discípulo se caracteriza a menudo por la transferencia de energía espiritual, conocida como shaktipat, donde la conciencia iluminada del gurú influye y eleva la conciencia del aspirante devoto. Esta transmisión sutil puede despertar facultades latentes e iniciar cambios en la conciencia del discípulo, lo que en última instancia conduce a la transformación interior.

Además, el gurú actúa como un espejo que refleja el potencial más elevado del discípulo. Al encarnar las cualidades de la compasión, la sabiduría y la autorrealización, el gurú proporciona un ejemplo vivo de logro espiritual y guía al discípulo hacia el reconocimiento y la manifestación de su propia naturaleza divina latente. De esta manera, el papel del gurú se extiende más allá de la mera instrucción, y actúa como encarnación de las aspiraciones más elevadas del aspirante y como un recordatorio constante del potencial de transformación interior.

La presencia de un gurú también desafía al discípulo a confrontar sus limitaciones y condicionamientos. Al exponer las resistencias e ilusiones del ego, el gurú se convierte en un agente de transformación, obligando al discípulo a involucrarse en una profunda introspección e introspección. A través de este proceso, el discípulo comienza a reconocer y desmantelar las barreras que obstaculizan su crecimiento espiritual, despejando así el camino hacia la transformación interior y la autorrealización.

En el rico tapiz de tradiciones espirituales abundan innumerables ejemplos de gurús ejemplares cuyas enseñanzas han dejado una huella indeleble en sus discípulos y en el mundo en general. Estos estudios de casos sirven como ilustración del poder transformador que ejercen los maestros iluminados al guiar a sus seguidores hacia el crecimiento espiritual y la realización última. Es a través de un examen profundo de estas figuras históricas que obtenemos una visión de las diversas modalidades de las relaciones gurú-discípulo y la sabiduría impartida.

Una de esas figuras ilustres es Adi Shankaracharya, un epítome de la erudición y la destreza espiritual en la antigua India. Conocido por su unificación de escuelas filosóficas divergentes bajo el paraguas del Vedanta Advaita, las enseñanzas de Shankaracharya siguen resonando a lo largo de los milenios. Sus comentarios y composiciones exponen la naturaleza no dual de la realidad, inculcando un sentido de introspección y autorrealización en sus discípulos.

Avanzando en el tiempo, el venerado Ramakrishna Paramahamsa se erige como una encarnación de la devoción y la experiencia trascendental en el siglo XIX. Su guía, que cambió paradigmas, enfatizó la naturaleza universal de los caminos espirituales, trascendiendo los límites de casta, credo y afiliaciones religiosas. A través de parábolas y demostraciones aparentemente simples pero profundamente transformadoras, Ramakrishna iluminó los corazones y las mentes de muchas personas, incluido el ilustre Swami Vivekananda, quien transmitió su legado por todo el mundo.

En un entorno cultural diferente, la era moderna fue testigo del surgimiento de luminarias espirituales como Paramahansa Yogananda, cuyas enseñanzas resonaron profundamente entre los buscadores espirituales de todo el mundo. El énfasis de Yogananda en el Kriya Yoga como un enfoque científico para la evolución espiritual y su obra fundamental "Autobiografía de un yogui" siguen inspirando a innumerables personas en su búsqueda de la autorrealización y la armonía interior.

Sin embargo, el camino hacia la iluminación espiritual suele verse obstaculizado por barreras profundamente arraigadas en el interior de las personas. Entre estos impedimentos, el ego y la resistencia se destacan como obstáculos formidables en el camino hacia la recepción de la guía de un gurú. El ego, caracterizado por un fuerte sentido de autoimportancia y apego a la identidad personal, puede crear un velo de ignorancia que obstaculiza la receptividad del individuo a la sabiduría y las enseñanzas. Este egocentrismo impide que el individuo reconozca sus limitaciones y se abra al poder transformador de la guía del gurú.

De la misma manera, la resistencia, que surge del miedo, el escepticismo o la renuencia a cambiar, puede sofocar la disposición a aceptar y poner en práctica el consejo espiritual. La comodidad de la familiaridad y la aprensión de aventurarse en territorios desconocidos a menudo conducen a una postura defensiva contra la adopción de nuevas perspectivas ofrecidas por el gurú. Es esencial reconocer que la resistencia actúa como un mecanismo protector para el ego, salvaguardando sus creencias y convicciones existentes. Sin embargo, esta fortificación impide la expansión de la conciencia y la asimilación de los conocimientos que el gurú intenta impartir.

Además, el condicionamiento social y las influencias culturales pueden intensificar las barreras del ego y la resistencia. Las normas y valores imperantes pueden infundir rigidez en la mentalidad, inhibiendo la voluntad de cuestionar paradigmas establecidos y adaptarse a visiones del mundo alternativas propuestas por el gurú. Estas influencias pueden generar un sentimiento de superioridad o inferioridad, alimentando aún más el ego y perpetuando la resistencia. Además, las experiencias pasadas, los traumas y las decepciones pueden cultivar una disposición defensiva que protege al individuo de la vulnerabilidad y la apertura esenciales para un crecimiento espiritual genuino.

Para abordar estas barreras es necesario hacer introspección y cultivar la humildad. Reconocer las limitaciones del propio conocimiento y renunciar a la necesidad de control son pasos fundamentales para desmantelar la fortaleza del ego y la resistencia. Cultivar una actitud de receptividad y confianza en la guía del gurú puede aflojar el control del ego y disolver las barreras que impiden la transformación. A través del esfuerzo y la práctica conscientes, las personas pueden alinearse gradualmente con la sabiduría del gurú, trascendiendo las limitaciones del ego y la resistencia y emprendiendo un viaje hacia el despertar interior.

Capítulo XVIII
LA RENUNCIA

Fundamentos filosóficos de Sannyasa:

La renuncia, conocida como sannyasa, ocupa un lugar importante en las escrituras y se considera un camino hacia la liberación espiritual. El Bhagavad Gita explica que la renuncia genuina no es el abandono de deberes y responsabilidades, sino que se refiere a un estado mental libre de apego a los frutos de las acciones. Esta distinción enfatiza la importancia de la transformación interna por sobre la renuncia externa.

El Bhagavad Gita presenta la renuncia como un elemento esencial para alcanzar la claridad espiritual y la autorrealización. Enseña que, al cultivar el desapego de los resultados de nuestros esfuerzos, las personas pueden alcanzar una sensación de libertad interior. Además, la renuncia se presenta como un instrumento para trascender el ego y darse cuenta de la interconexión de todos los seres. Al renunciar al deseo de beneficio personal, uno puede alinear sus acciones con la armonía universal.

Un principio filosófico clave del Bhagavad Gita es la noción de karma yoga, o el camino de la acción desinteresada. Este concepto aclara que la renuncia no es sinónimo de inactividad o de retiro del mundo, sino que implica cumplir con los deberes manteniendo una mentalidad desapegada. Al dedicarse al servicio desinteresado y cumplir con las responsabilidades sin esperar recompensas, las personas pueden purificar sus mentes y cultivar un espíritu de renuncia.

Además, el Bhagavad Gita imparte la idea del jnana yoga, el camino de la sabiduría, como un medio para comprender la verdadera esencia de la renuncia. A través de la búsqueda del conocimiento y la introspección, las personas pueden adquirir una visión de la naturaleza transitoria de la existencia material y de la naturaleza eterna del yo. Esta comprensión conduce a una renuncia natural a los apegos mundanos y a un cambio hacia la búsqueda de verdades espirituales.

Los fundamentos filosóficos de la renuncia en el Bhagavad Gita también enfatizan la importancia del bhakti yoga, el camino de la devoción. Al entregarse de todo corazón a lo divino y cultivar una profunda conexión devocional, las personas pueden experimentar una sensación de desapego de los placeres transitorios del mundo material. Este aspecto de la renuncia subraya el poder transformador del amor incondicional y la dedicación a una realidad superior.

Renuncia vs. Acción:

En el Bhagavad Gita, la yuxtaposición de la renuncia y la acción da lugar a una paradoja filosófica que exige un análisis cuidadoso. Por un lado, el texto aboga por el camino de la renuncia, haciendo hincapié en el desapego de los frutos de la acción y la naturaleza transitoria de las posesiones materiales. Por otro lado, también ensalza las virtudes de la acción recta y el cumplimiento del deber sin apego a los resultados. Esta aparente contradicción constituye el quid del dilema de Arjuna en el campo de batalla de Kurukshetra y prepara el escenario para el discurso del Señor Krishna. Para resolver esta paradoja, uno debe ahondar más en las enseñanzas del Bhagavad Gita y comprender la relación matizada entre la renuncia y la acción. En esencia, el Bhagavad Gita no aboga por el rechazo de las responsabilidades o la abstención de la acción. En cambio, propone el concepto de cumplir con el propio deber desinteresadamente, sin estar impulsado por los deseos o el ego. Esto se alinea con la filosofía más amplia de Nishkama Karma: la realización de la acción sin apego al resultado. En el contexto del Bhagavad Gita, la renuncia no implica necesariamente una vida de inacción o de retiro del mundo, sino una transformación interior que nos permita no dejarnos llevar por el atractivo de las ganancias materiales, pero participar activamente en el mundo. El Bhagavad Gita enfatiza que la renuncia es un estado mental en el que el individuo actúa con ecuanimidad, libre de motivos y ansias egoístas. Esta comprensión permite afrontar el equilibrio entre el compromiso mundano y la elevación espiritual. Además, el texto destaca que la verdadera renuncia consiste en renunciar al ego, no sólo a las posesiones externas. Al trascender los deseos egocéntricos que a menudo impulsan las acciones, los individuos pueden cumplir con sus deberes como una ofrenda, transformando así cada tarea en un acto sagrado. En consecuencia, la dicotomía entre renuncia y acción se disuelve, dando paso a una integración armoniosa de ambas, donde cada una complementa a la otra en el camino hacia la liberación.

Formas de sacrificio:

En esencia, el sacrificio va más allá de las meras ofrendas materiales o las acciones rituales. Encarna el espíritu de altruismo y entrega, instando a las personas a trascender sus deseos egoístas y alinear sus acciones con principios espirituales superiores. Una forma destacada de sacrificio es el yajna, que suele traducirse como ritual sacrificial y que simboliza la ofrenda de las propias acciones a lo divino y la interconexión de toda la existencia. Este antiguo concepto védico anima a las personas a cumplir con sus deberes con devoción y atención plena, reconociendo la interconexión inherente de todos los seres.

Otra forma fundamental de sacrificio consiste en renunciar a los frutos de las propias acciones. Esto implica renunciar al apego a los resultados y aceptar el cumplimiento de los deberes por su valor intrínseco, en lugar de buscar el beneficio personal. Al cultivar esta actitud de desapego, las personas se liberan de la esclavitud del deseo y cultivan un sentido de ecuanimidad, independientemente del éxito o el fracaso.

Además, el acto de ofrecer conocimiento, conocido como vidya-yajna, representa una forma de sacrificio. Al compartir la sabiduría, los individuos participan en la elevación de la conciencia colectiva, contribuyendo a la elevación espiritual de la sociedad en su conjunto. Esta forma de sacrificio subraya el potencial transformador del conocimiento y la responsabilidad de difundirlo para el bien común.

Más allá de estas formas tradicionales, los actos de servicio y caridad representan expresiones tangibles de sacrificio. Ya sea a través del servicio voluntario a los demás o de iniciativas filantrópicas, las personas expresan su altruismo y compasión, reconociendo la red interconectada de la humanidad. Estas acciones altruistas no solo benefician a los necesitados, sino que también purifican el corazón y fomentan un sentido de interconexión y empatía.

Liberación a través del desapego:

La liberación a través del desapego puede entenderse como un proceso transformador en el que las personas se liberan de su apego al mundo material transitorio y adoptan en su lugar un estado de conciencia trascendental. Este viaje implica un cambio consciente que pasa de perseguir deseos y apegos fugaces a reconocer la esencia del yo. Al renunciar a las exigencias del ego e identificarse con el alma, las personas allanan el camino hacia la liberación definitiva.

El camino hacia la liberación a través del desapego, que se describe en el Bhagavad Gita, aboga por la práctica de la acción desinteresada, renunciando a los motivos y deseos personales. Esto no implica una aversión a las responsabilidades mundanas ni una renuncia a los deberes sociales. Por el contrario, enfatiza la importancia de cumplir con los deberes propios con diligencia, pero sin perder de vista los resultados. Al atribuir los frutos de las acciones a un principio superior y universal en lugar de a la ganancia personal, los individuos se alinean con el orden cósmico, trascendiendo así el ciclo del enredo kármico.

Además, el Bhagavad Gita expone el concepto del desapego como un medio para alcanzar la ecuanimidad en medio de las dualidades de la vida: alegría y tristeza, éxito y fracaso, elogio y crítica. A través del desapego, las personas desarrollan resiliencia y fuerza interior, volviéndose inmunes a las mareas ondulantes de las experiencias de la vida. Liberadas de la tiranía de las fluctuaciones emocionales, se mantienen firmes en sus convicciones, arraigadas en un inquebrantable sentido de sí mismas.

El potencial transformador del desapego reside en su capacidad de conducir a las personas hacia la autorrealización y la liberación. A medida que ascienden por la escalera espiritual, aprenden a percibir la divinidad imperecedera que hay en su interior y en el de todos los seres, fomentando así un sentido de interconexión con el cosmos. Al desentrañar los velos de ilusión que teje el mundo material, obtienen claridad y comprensión, reconocen la naturaleza transitoria de la existencia empírica y abrazan la verdad eterna que sustenta toda la creación.

En definitiva, el Bhagavad Gita proclama que la liberación a través del desapego no es un ideal utópico lejano, sino una meta alcanzable para todo buscador sincero. Nos invita a embarcarnos en una odisea interior, liberándonos gradualmente de las cadenas del apego y el engaño. A medida que recorremos este camino sagrado, despertamos a la libertad y la dicha innatas que yacen latentes en nuestro interior, dando paso a un estado de liberación sublime que trasciende las limitaciones del tiempo y el espacio.

El papel de la voluntad personal en la verdadera renuncia:

La renuncia, que suele asociarse con el abandono de los apegos y deseos mundanos, requiere una profunda comprensión de la naturaleza de la voluntad personal y su alineación con los principios espirituales superiores. Vyasa profundiza en este tema y ofrece valiosas ideas sobre cómo se puede aprovechar la voluntad personal para facilitar la verdadera renuncia. Una de las consideraciones fundamentales para comprender el papel de la voluntad personal en la renuncia es la distinción entre la ambición individual y la dedicación del aspirante a la voluntad divina. A menudo, la voluntad personal está entrelazada con las ambiciones, los deseos y los apegos, lo que crea conflictos internos que obstaculizan el camino de la renuncia. A través de las enseñanzas de Vyasa, aprendemos que la renuncia genuina requiere un cambio en la orientación de la voluntad personal; requiere la redirección de los deseos individuales hacia la armonía universal y el servicio desinteresado. La verdadera renuncia, por lo tanto, no implica el abandono de la voluntad personal, sino su sublimación y alineación con la voluntad cósmica mayor. Al reconocer y abrazar el potencial transformador de la voluntad personal, los individuos pueden enfrentar el camino de la renuncia con claridad y propósito, trascendiendo las limitaciones impuestas por los deseos egoicos.

Además, Vyasa enfatiza la importancia de la introspección y la introspección para discernir los motivos que subyacen a las acciones y aspiraciones de uno. A través de prácticas contemplativas y una reflexión profunda, las personas pueden cultivar la autoconciencia y obtener una visión de la naturaleza de su voluntad personal. Este proceso permite a los aspirantes reconocer la influencia sutil de los deseos y apegos impulsados por el ego, allanando así el camino para la purificación y el refinamiento de la voluntad personal. En este contexto, la renuncia se convierte en un viaje interior de abandono de las inclinaciones egocéntricas y alineando la voluntad personal con los principios universales de compasión, integridad y verdad. Al armonizar la voluntad personal con los valores altruistas, las personas no solo avanzan espiritualmente, sino que también contribuyen a la elevación de la conciencia humana.

Un aspecto crucial del papel de la voluntad personal en la verdadera renuncia radica en el cultivo de la resiliencia y la determinación inquebrantable en el camino espiritual. Las enseñanzas de Vyasa subrayan la necesidad de que los aspirantes aprovechen su voluntad personal como una fuerza potente para superar los desafíos y las adversidades que se encuentran durante la búsqueda de la renuncia. Al cultivar una resolución y perseverancia firmes, las personas pueden enfrentar las complejidades de la existencia mundana mientras permanecen firmes en su compromiso con los ideales espirituales. A través de la aplicación disciplinada de la voluntad personal, los aspirantes cultivan la fuerza interior necesaria para mantener sus aspiraciones espirituales, incluso en medio de la agitación de las circunstancias externas. Este espíritu resiliente, fortificado por la alineación consciente de la voluntad personal con los principios espirituales, se convierte en una luz guía que ilumina el camino de la renuncia, conduciendo a los buscadores hacia la transformación interior y la liberación definitiva.

Deber y renuncia:

Vyasa enfatiza que el deber o Dharma debe ser la base de la vida de una persona. Si bien es esencial cumplir con los deberes prescritos, Vyasa también subraya la importancia de cumplir con estos deberes sin apegarse a los resultados. Esta guía resuena con el mensaje más amplio del Bhagavad Gita sobre la acción desinteresada, destacando la importancia de dedicar los esfuerzos propios al bien mayor en lugar de buscar el beneficio personal. Al alinear las acciones propias con los principios de rectitud e integridad, las personas pueden trascender las limitaciones del ego y el deseo, allanando así el camino hacia el crecimiento espiritual.

Además, las ideas de Vyasa arrojan luz sobre la noción de renuncia no como un mero abandono de deberes, sino como una disposición mental caracterizada por el desapego y la pureza interior. Según Vyasa, la renuncia debe cultivarse internamente, permitiendo a las personas afrontar sus responsabilidades mundanas sin estar atadas por sus ansias y apegos materiales. Esta comprensión matizada de la renuncia sirve como principio rector, alentando a las personas a cumplir con sus obligaciones mientras mantienen un estado de desapego de los aspectos transitorios de la existencia.

A partir de las enseñanzas de Vyasa, resulta evidente que la reconciliación del deber y la renuncia depende del cultivo de una mentalidad de equilibrio y discernimiento. La sabiduría de Vyasa ofrece una perspectiva holística sobre cómo vivir una vida equilibrada y con un propósito, en la que las personas honran sus obligaciones conscientemente mientras nutren un espíritu de desapego de los frutos de sus acciones. A través de este enfoque integrado, Vyasa guía a los buscadores en un viaje transformador hacia la autorrealización, demostrando que la búsqueda del deber y la renuncia no tienen por qué existir en oposición, sino que pueden converger armoniosamente para facilitar la evolución espiritual y la liberación final.

Capítulo XIX
LA TRASCENDENCIA DE LA FE

La dinámica entre la fe y el conocimiento:

En el Bhagavad Gita, la interacción entre la fe y el conocimiento es un tema central que sustenta el viaje espiritual de Arjuna y aborda los aspectos fundamentales de la existencia humana. En esencia, el Bhagavad Gita aboga por la integración armoniosa de la fe y la sabiduría, reconociéndolas como facetas complementarias esenciales para el crecimiento espiritual. La dinámica entre la fe y el conocimiento está entretejida en el diálogo entre Krishna y Arjuna, ofreciendo perspectivas sobre la naturaleza de la creencia y la comprensión.

La fe, caracterizada por una confianza y una convicción inquebrantables, sirve como base sobre la que se construye el edificio de la práctica espiritual. Es a través de la fe que las personas se embarcan en su búsqueda de la verdad, abrazando lo invisible y trascendiendo las limitaciones del conocimiento empírico. Por el contrario, el conocimiento proporciona el marco para la comprensión, el discernimiento y la indagación intelectual. Permite a los buscadores comprender el orden cósmico, reconocer las ilusiones del mundo material y alcanzar claridad al experimentar las complejidades de la vida.

A pesar de que parecen caminos divergentes, la fe y el conocimiento convergen en el Bhagavad Gita para crear un enfoque holístico de la autorrealización. Krishna explica que, a través de una fe inquebrantable, uno obtiene acceso a verdades superiores y experimenta la gracia divina. Al mismo tiempo, la adquisición de conocimiento fomenta el discernimiento, lo que conduce a una comprensión más profunda del yo, la existencia y la realidad última. De este modo, el

Bhagavad Gita desafía la dicotomía entre la fe y la razón, abogando por su relación simbiótica en la búsqueda de la evolución espiritual.

Además, el texto enfatiza que la fe genuina no es una adhesión ciega, sino una creencia informada basada en la comprensión y la experiencia personal. Anima a las personas a cultivar la fe a través de la realización directa, la exploración interior y la guía de seres iluminados. La fe verdadera, tal como se describe en el Bhagavad Gita, es dinámica y transformadora, y capacita a las personas para trascender la duda y la adversidad con una convicción resuelta.

Además, la dinámica entre la fe y el conocimiento se destaca en la transformación de Arjuna a lo largo de la narración. Inicialmente acosado por la duda y la angustia moral, Arjuna exhibe una crisis de fe, cuestionando su rectitud y su deber. A medida que avanza el diálogo, adquiere visión y claridad, alineando sus acciones con la sabiduría espiritual mientras mantiene una fe inquebrantable en las enseñanzas de Krishna. Su viaje ejemplifica la interacción entre la fe y el conocimiento, que culmina en su realización del dharma y la individualidad.

La fe en acción: el papel del servicio devocional:

En el Bhagavad Gita, el concepto de servicio devocional, también conocido como "bhakti yoga", desempeña un papel importante en la configuración del camino espiritual de las personas. Este enfoque enfatiza el poder del amor, la devoción y el servicio desinteresado para alcanzar la unión con lo divino. La fe en la acción, o karma yoga, está profundamente entrelazada con esta forma de devoción, y destaca la importancia de cumplir con los deberes sin apego a los resultados.

El servicio devocional implica la dedicación desinteresada de las propias acciones, pensamientos y emociones a un propósito superior, reconociendo la presencia divina en cada aspecto de la vida. A través de esta perspectiva, incluso las tareas mundanas pueden transformarse en actos de adoración, lo que permite a las personas cultivar una conexión más profunda con lo divino y trascender sus deseos impulsados por el ego.

El Bhagavad Gita ofrece una visión del potencial transformador del servicio devocional, ilustrando cómo la fe genuina y la devoción inquebrantable pueden elevar la conciencia de una persona. Al participar en actos de servicio con un corazón puro y una mente libre de motivos egoístas, uno puede experimentar un sentido de unidad y armonía con el universo.

Además, el papel del servicio devocional se extiende más allá del crecimiento espiritual personal; también abarca el bienestar de los demás. El Bhagavad Gita enfatiza la idea de servir a la humanidad como un medio para honrar lo divino dentro de cada ser. Este enfoque altruista fomenta un entorno de compasión, empatía e interconexión, impulsando la evolución colectiva de la sociedad hacia una mayor armonía y paz.

Las enseñanzas del Bhagavad Gita alientan a las personas a integrar su fe en acciones tangibles y compasivas. Al infundir sinceridad y devoción en cada esfuerzo, las personas pueden contribuir al bienestar del mundo y, al mismo tiempo, avanzar en su camino espiritual. Además, el Bhagavad Gita enfatiza que la intención detrás de una acción tiene una importancia primordial, y destaca la importancia de realizar acciones con motivos puros y desinteresados.

Relatos de devotos ejemplares en el texto:

A lo largo del Bhagavad Gita, hay narraciones poderosas que ejemplifican la esencia de la devoción y su impacto transformador en las personas. Estas narraciones sirven como ilustraciones convincentes de la fe inquebrantable y la dedicación que exhiben varios personajes del texto. Uno de esos devotos ejemplares es Arjuna, cuyo viaje encarna la devoción y el compromiso con su deber. Su lucha interna y su entrega final a la guía divina del Señor Krishna demuestran la profundidad de su fe y devoción.

Otra historia notable es la de Prahlada, cuya firme dedicación al Señor Vishnu en medio de las adversidades muestra la resistencia y la naturaleza inquebrantable de la verdadera devoción. La fe inquebrantable de Prahlada sirve como un ejemplo inspirador de la fuerza espiritual que surge de la devoción genuina. Además, el carácter virtuoso de Draupadi, su confianza inquebrantable en el Señor Krishna durante tiempos de extrema angustia y su inquebrantable devoción a la rectitud ilustran aún más la personificación de la devoción frente a la adversidad.

La historia de Hanuman, reverenciado por su devoción desinteresada al Señor Rama, es otra narración convincente que resuena con la esencia de la fe y la dedicación inquebrantables. Su compromiso inquebrantable con el servicio al Señor Rama, ejemplificado a través de numerosas pruebas y tribulaciones, resalta el impacto de la devoción pura en las acciones y el carácter de uno. Estas narraciones no solo enfatizan la importancia de la devoción, sino que también ilustran las diversas formas y expresiones de la fe inquebrantable en diferentes contextos y personajes dentro del Bhagavad Gita.

Además, la narración de Sudama, un humilde y devoto amigo del Señor Krishna, retrata el poder transformador de la devoción desinteresada y la reciprocidad divina que evoca. La historia de Sudama subraya la noción de que la devoción genuina trasciende las posesiones materiales y la posición social, enfatizando la pureza y profundidad de la conexión del devoto con lo divino. Estas narraciones contribuyen colectivamente a un rico tapiz de devoción dentro del paisaje textual del Bhagavad Gita, ofreciendo perspectivas sobre el potencial transformador de la fe inquebrantable y el compromiso con lo divino.

Interconexión entre la fe, el deber y el dharma:

En el Bhagavad Gita, la interrelación entre la fe, el deber y el dharma está entretejida en la estructura de la filosofía espiritual. En el centro de esta interconexión se encuentra el concepto de svadharma, el deber o llamado inherente a cada uno basado en las características y circunstancias individuales. El Bhagavad Gita enfatiza la importancia de cumplir con los deberes con fe y compromiso inquebrantables como un medio para alcanzar la realización espiritual. Esta interconexión refleja el marco filosófico hindú más amplio, donde el dharma, o la rectitud, sirve como principio rector de la conducta humana. El texto profundiza en la idea de que cumplir con el deber, impulsado por la fe y la devoción, no es meramente un acto obligatorio sino una responsabilidad sagrada incorporada al orden cósmico. Subraya la importancia de alinear las acciones de uno con el dharma mientras se cultiva una fe inquebrantable en la orquestación divina del universo. A través del diálogo entre Krishna y Arjuna, el Bhagavad Gita aclara que la verdadera fe es inseparable de la ejecución consciente de las propias responsabilidades, trascendiendo la mera observancia ritualista para encarnar un ethos espiritual.

Además, la interconexión entre la fe, el deber y el dharma se extiende más allá de la conducta individual para abarcar la armonía social y cósmica. El Bhagavad Gita expone la interconexión de estos elementos para mantener el equilibrio del mundo. Destaca que cumplir con el deber con fe y devoción contribuye al bienestar general de la sociedad y mantiene el orden cósmico. Desde una perspectiva más amplia, las pautas éticas y morales que proporciona el dharma sirven como una fuerza unificadora que fomenta la coherencia y el equilibrio dentro del tapiz de la existencia. Además, el texto subraya que la fe y la devoción genuinas infunden un sentido de propósito al cumplimiento del deber, elevándolo de meras obligaciones contractuales a un esfuerzo espiritual. Esta elevación implica reconocer la interconexión de todos los seres y abrazar el principio del bienestar universal.

Capítulo XX
LA GRACIA DIVINA

El concepto de gracia en la espiritualidad:

La gracia es una noción que abarca el favor inmerecido, la benevolencia y la asistencia divina que un poder superior otorga a las personas. En el ámbito de la espiritualidad, la gracia se considera un atributo divino que actúa como una fuerza transformadora que guía a las personas en su camino hacia la iluminación y la realización espiritual.

El concepto de gracia se centra en la idea de misericordia y compasión inmerecidas, en las que las personas reciben bendiciones y apoyo de lo divino a pesar de sus limitaciones e imperfecciones inherentes. Este reconocimiento sirve como una potente fuente de esperanza, consuelo y seguridad para quienes buscan la gracia y experimentan las complejidades de la vida. Además, a menudo se cree que la gracia opera más allá de los confines de la comprensión humana, sobrepasando los límites de la lógica y la razón. Su naturaleza misteriosa y trascendente suscita una sensación de asombro y admiración, que invita a la contemplación y la introspección en las profundidades de la propia identidad espiritual.

En diversas tradiciones espirituales, el concepto de gracia asume diversas manifestaciones, cada una imbuida de matices culturales y filosóficos únicos. Por ejemplo, en la teología cristiana, la gracia se describe como el amor y el perdón inmerecidos que Dios otorga a la humanidad, lo que subraya la naturaleza redentora y salvífica de la benevolencia divina. Por el contrario, dentro de la filosofía hindú, la gracia se percibe como la intervención divina que acelera el progreso de un individuo en el camino espiritual, alimentando un profundo sentido de reverencia y devoción hacia el orden cósmico.

Además, la noción de gracia sirve como puente entre lo humano y lo divino, fomentando una relación simbiótica basada en la confianza, la entrega y la receptividad. Destaca la interdependencia entre el buscador y la fuente de gracia, y expone el intercambio dinámico de energía y conciencia que se produce durante los momentos de despertar espiritual e iluminación.

Al enfrentarse a las complejidades de la existencia humana, las personas suelen encontrar consuelo al contemplar la omnipresencia de la gracia, percibiéndola como un faro de esperanza en medio de la adversidad y la incertidumbre. La resonancia de la gracia resuena en las narraciones de innumerables practicantes espirituales, que se hacen eco de historias de intervenciones milagrosas, transformaciones inexplicables y encuentros fortuitos que han tenido un profundo impacto en sus vidas.

Gracia y experiencia humana:

La gracia, en el contexto espiritual, suele describirse como el favor inmerecido y la ayuda divina que un poder superior otorga a las personas. Este concepto de gracia trasciende las fronteras religiosas y se reconoce ampliamente como una fuerza que influye en la experiencia humana. La relación simbiótica entre la gracia y la experiencia humana es un rico tapiz que se teje en la trama de nuestras vidas y moldea nuestras perspectivas, acciones y comprensión del mundo que nos rodea.

En esencia, el concepto de gracia reconoce la interconexión de todos los seres y la benevolencia fundamental que subyace a la existencia. Habla de la noción de que existen fuerzas que escapan a nuestro control y que trabajan en armonía con nuestro recorrido individual, guiándonos hacia el crecimiento, la resiliencia y la iluminación. En esta danza simbiótica, los humanos desempeñan un papel activo en la cocreación de sus experiencias, al tiempo que son receptivos a la influencia sutil pero transformadora de la gracia.

La experiencia humana, por otra parte, abarca un amplio espectro de emociones, desafíos, triunfos y autodescubrimiento. Es el terreno en el que la gracia se manifiesta, ofreciendo consuelo en tiempos difíciles, inspiración en momentos de incertidumbre y empoderamiento ante la adversidad. La relación simbiótica entre la gracia y la experiencia humana es evidente en las narraciones de personas que han enfrentado las complejidades de la vida con una creencia inquebrantable en la presencia de la benevolencia divina. Sus historias ilustran cómo la gracia se convierte en una fuerza guía, iluminando el camino a seguir e infundiendo incluso los momentos más oscuros con la promesa de esperanza y renovación.

Además, la relación simbiótica entre la gracia y la experiencia humana se extiende más allá del ámbito de las narrativas personales y abarca las historias colectivas y las dinámicas sociales. Se evidencia en los actos de compasión, la resiliencia frente a la adversidad y la capacidad de perdón y reconciliación. Cuando los seres humanos se brindan gracia unos a otros, perpetúan el ciclo de simbiosis, creando ondas de positividad y buena voluntad que resuenan en las comunidades y generaciones.

La gracia divina en la vida diaria:

La gracia divina, aunque a menudo se la considera un concepto abstracto, impregna nuestra existencia diaria de maneras extraordinarias. Es esencial desarrollar una conciencia aguda de las manifestaciones sutiles de la gracia en nuestras vidas, ya que este reconocimiento puede enriquecer profundamente nuestro camino espiritual. En el Bhagavad Gita, Krishna enfatiza la omnipresencia de la gracia divina y su importancia para las personas que buscan la realización espiritual.

Una forma de reconocer la gracia divina en la vida diaria es a través de momentos de serendipia u oportunidades inesperadas que se presentan con una sensación de perfecta sincronía. Estos sucesos fortuitos no son meras coincidencias, sino que pueden verse como actos de gracia que nos guían hacia el crecimiento y la sabiduría. Además, el apoyo y el estímulo que recibimos de los demás, a menudo cuando más lo necesitamos, pueden verse como una expresión tangible de la gracia divina en acción.

Además, la belleza y la armonía que se encuentran en la naturaleza sirven como recordatorios constantes de la benevolencia y la gracia inherentes al universo. El sol naciente, el florecimiento de una flor y el ritmo de las mareas reflejan la gracia que sustenta la vida e inspira reverencia. Al sumergirnos en la naturaleza, podemos afinar nuestros sentidos para contemplar la magnificencia de la gracia divina más allá de los confines del esfuerzo humano.

Además, la capacidad de superar los desafíos y las adversidades puede atribuirse a la gracia divina, que nos capacita para soportar las pruebas y salir fortalecidos de ellas. Los actos de perdón y reconciliación también ejemplifican el poder transformador de la gracia para sanar las relaciones y fomentar la compasión. Buscar y reconocer estos ejemplos de gracia, incluso en medio de las dificultades, nos permite discernir la benevolencia subyacente de lo divino en medio de las innumerables experiencias de la vida.

Más allá de los encuentros individuales, las expresiones sociales de bondad, altruismo y progreso colectivo pueden considerarse manifestaciones de la gracia divina que actúa a través de la humanidad. Reconocer y celebrar estos ejemplos infunde un profundo sentido de gratitud e interconexión, y refuerza el tejido espiritual de nuestras comunidades.

La gracia como catalizador de la evolución espiritual:

En la búsqueda de la evolución espiritual, el concepto de gracia tiene importancia. A menudo se considera que la gracia es una fuerza transformadora que permite a las personas progresar en sus caminos espirituales. Puede verse como una intervención divina que eleva, guía y nutre el alma hacia reinos superiores de conciencia. La gracia no está limitada por fronteras religiosas o culturales; más bien, es un principio universal que opera más allá de la comprensión humana.

La gracia actúa como catalizador de la evolución espiritual al inculcar en las personas un sentido de interconexión y humildad. Cuando reconocen la presencia de la gracia en sus vidas, se ponen en sintonía con la divinidad inherente a sí mismas y a los demás. Esta conciencia fomenta una actitud de gratitud y reverencia, que conduce a una alineación más profunda con las verdades y los valores espirituales. En consecuencia, el camino hacia el autodescubrimiento y la iluminación se facilita a través del cultivo de la gracia.

Además, la gracia actúa como una fuente de consuelo y fortaleza durante los momentos difíciles, permitiendo a las personas soportar la adversidad con resiliencia y fe. Al reconocer el papel de la gracia divina en sus vidas, los buscadores de la verdad se ven capacitados para enfrentar los obstáculos y trascender las limitaciones. Esta resiliencia allana el camino para el crecimiento interior y la autorrealización, impulsándolos así a seguir avanzando en el camino de la evolución espiritual.

Además, la recepción de la gracia genera un estado de receptividad y apertura en el individuo, que le permite percibir con mayor profundidad los matices sutiles de la existencia. Esta mayor sensibilidad conduce a la comprensión, la sabiduría intuitiva y una comprensión más profunda del tejido interconectado del universo. Como resultado, el individuo experimenta una expansión de la conciencia, trasciende sus perspectivas limitadas y evoluciona hacia un estado de ser más iluminado.

Capítulo XXI
LA NO VIOLENCIA COMO PRINCIPIO

Ahimsa y su papel en la toma de decisiones éticas:

Como una de las virtudes cardinales del hinduismo, el budismo, el jainismo y otros sistemas de creencias, la ahimsa, que a menudo se traduce como no violencia o no hacer daño, subraya el reconocimiento universal de la compasión, la empatía y la reverencia por la vida. Encarna el respeto por todos los seres vivos y aboga por el cultivo de la armonía, tanto dentro de uno mismo como en relación con el mundo exterior. Este principio ético se extiende más allá de la mera abstención del daño físico y abarca los reinos mental, emocional y espiritual. Su alcance integral revela la interacción entre la conducta personal, la ética social y la interconexión global.

La ahimsa es un principio rector que influye en la forma en que las personas abordan los dilemas morales y los conflictos sociales. Un aspecto central del concepto de ahimsa es la comprensión de que todos los seres vivos están interconectados y poseen un valor inherente. Este reconocimiento constituye la base fundamental para la toma de decisiones éticas en el marco de la no violencia. Se debe considerar cuidadosamente el daño o sufrimiento potencial que podría resultar de cualquier acción o inacción y esforzarse por minimizar los efectos adversos sobre los demás. La aplicación de la ahimsa en la toma de decisiones éticas se extiende más allá de la mera evitación de la violencia física. Abarca la abstención de causar daño mental y emocional, así como el reconocimiento y la solución de las injusticias sistémicas.

Los practicantes de la ahimsa están llamados a enfrentar paisajes éticos complejos priorizando la compasión, la empatía y la preservación de la dignidad. Este enfoque no solo fomenta relaciones interpersonales armoniosas, sino también una sociedad construida sobre el respeto y la comprensión mutuos. Además, la ahimsa alienta el discernimiento a la hora de evaluar las consecuencias a largo plazo e impulsa a las personas a buscar soluciones pacíficas al tiempo que defienden la justicia y la equidad. En un mundo cada vez más interconectado, donde los dilemas éticos son multifacéticos y de alcance global, los principios de la ahimsa ofrecen un marco para experimentar procesos complejos de toma de decisiones.

La no violencia como práctica espiritual:

En el Bhagavad Gita, ahimsa no es solo un código de conducta externo, sino también una actitud interna que se alinea con la esencia de la espiritualidad. La práctica de ahimsa implica cultivar la compasión, la empatía y la comprensión hacia todos los seres vivos, trascendiendo los límites de las especies, la raza y las creencias. Al adoptar la no violencia como práctica espiritual, las personas se embarcan en un viaje transformador que abarca pensamientos, palabras y acciones. A través de esta práctica, uno busca cultivar la armonía dentro de uno mismo y con el mundo en general.

El principio espiritual Ahimsa desafía a las personas a enfrentar sus conflictos y deseos internos. Requiere una profunda introspección de las propias intenciones y motivaciones, alentando a las personas a actuar desde una posición de amor y altruismo en lugar de ego o agresión. Esta exploración interna es fundamental para la evolución espiritual propuesta en el Bhagavad Gita, ya que conduce a la comprensión de la propia interconexión con todas las formas de vida. Además, la práctica de Ahimsa como disciplina espiritual requiere el desarrollo de la resiliencia y la paciencia frente a la adversidad, lo que permite a las personas responder a situaciones desafiantes con gracia y dignidad.

El impacto de la no violencia como práctica espiritual se extiende más allá del ámbito individual y resuena en la conciencia colectiva. Cuando los individuos encarnan los principios de Ahimsa, contribuyen a la creación de una sociedad más armoniosa y compasiva. El efecto dominó de sus acciones influye en el tejido social, fomentando la comprensión, la cooperación y la coexistencia pacífica. De esta manera, la no violencia se convierte en un catalizador para la transformación social, iluminando el camino hacia la unidad y la igualdad.

Además, la práctica espiritual de Ahimsa permite a las personas convertirse en agentes de cambio positivo en el mundo. Al defender la justicia, oponerse a la opresión y promover el diálogo en lugar de la discordia, los practicantes de la no violencia ejemplifican los valores encapsulados en el Bhagavad Gita. Su compromiso con la verdad y la no agresión sirve como un faro de esperanza en tiempos de agitación, inspirando a otros a adoptar el espíritu de la no violencia en sus vidas. Esta influencia transformadora amplifica la relevancia de Ahimsa en el mundo contemporáneo, donde su aplicación tiene el potencial de abordar cuestiones sociopolíticas complejas y fomentar una paz sostenible.

Ahimsa en el mundo moderno:

En el acelerado e interconectado mundo actual, la relevancia de la no violencia no puede subestimarse. La aplicación de la ahimsa adquiere nuevas dimensiones a medida que las sociedades se enfrentan a complejos desafíos éticos y morales. No es un mero concepto pasivo, sino una filosofía proactiva que guía a los individuos y las comunidades hacia la paz, la empatía y la coexistencia inclusiva. Su relevancia se extiende más allá de la conducta individual para abarcar la diplomacia internacional, los movimientos de justicia social y las iniciativas de sostenibilidad ambiental.

La aplicación de la ahimsa en el mundo moderno exige una comprensión profunda de sus principios básicos y el compromiso de traducirlos en acciones tangibles. Ya sea en el ámbito de la gobernanza, la economía o las relaciones interpersonales, los principios de la no violencia ofrecen soluciones convincentes a los problemas contemporáneos. Por ejemplo, las técnicas de comunicación no violenta han sido fundamentales para resolver conflictos en diversos contextos culturales y políticos. En los negocios y la economía, el concepto de comercio justo y prácticas éticas se alinea con el espíritu de la ahimsa al promover transacciones equitativas y condiciones laborales dignas.

Además, la importancia de la ahimsa encuentra expresión en los crecientes movimientos globales en favor de los derechos humanos, el bienestar animal y la preservación del medio ambiente. Los defensores y activistas se inspiran en los principios de la no violencia para defender causas que buscan aliviar el sufrimiento y promover la armonía. Al examinar la interconexión de todos los seres vivos, la ahimsa proporciona una lente transformadora a través de la cual abordar los desafíos de la era moderna.

La aplicación de la ahimsa también plantea cuestiones que invitan a la reflexión sobre el uso ético de la tecnología, la gestión responsable de los recursos y la búsqueda del desarrollo sostenible. A medida que los avances científicos y tecnológicos siguen dando forma a nuestro mundo, la integración de los principios de la no violencia se vuelve imperativa para orientar las innovaciones que priorizan el bienestar humano y el equilibrio ecológico. En esencia, la ahimsa nos invita a reevaluar nuestra relación con el mundo natural y a imaginar un futuro en el que el progreso sea sinónimo de compasión y respeto por toda la vida.

Algunas aplicaciones exitosas de Ahimsa:

A lo largo de la historia, ha habido numerosos ejemplos de personas y comunidades que han aplicado eficazmente el principio de ahimsa en situaciones de la vida real. Uno de esos ejemplos convincentes es el liderazgo de Mahatma Gandhi en la lucha de la India por la independencia del dominio colonial británico. La adhesión de Gandhi al principio de ahimsa, sumada a una resistencia estratégica no violenta, no sólo inspiró a una nación, sino que también allanó el camino para la liberación de la India de la dominación británica. Su enfoque demostró que las protestas pacíficas y la desobediencia civil podían tener más impacto que los conflictos armados, creando un poderoso legado mundial que sigue influyendo en los movimientos sociales de la actualidad.

Otro caso de estudio notable es el Movimiento por los Derechos Civiles en los Estados Unidos, donde figuras como Martin Luther King Jr. emplearon tácticas no violentas para combatir la discriminación racial y la segregación. Mediante actos de desobediencia civil no violenta, como boicots, sentadas y marchas pacíficas, se lograron avances significativos en la lucha contra el racismo institucionalizado. El éxito de estas iniciativas subrayó la eficacia de la ahimsa para promover cambios sociales sin recurrir a la violencia.

En un contexto más contemporáneo, la labor de la Premio Nobel Malala Yousafzai ejemplifica el potencial transformador de la ahimsa. A pesar de enfrentarse a una violencia y persecución extremas, Malala mantuvo su compromiso con la no violencia, utilizando la educación y la defensa de los derechos para promover la igualdad de género y el acceso a la educación para las niñas. Su inquebrantable dedicación al activismo pacífico no solo amplificó su mensaje a nivel mundial, sino que también condujo a mejoras tangibles en las oportunidades educativas para las comunidades marginadas.

Además, la campaña Ahimsa Parmo Dharma, iniciada por las comunidades jainistas, muestra la importancia de la no violencia para abordar las preocupaciones ambientales y éticas. Este movimiento aboga por una vida sostenible, el bienestar animal y la preservación ecológica a través de medios no violentos, haciendo hincapié en la interconexión de todas las formas de vida.

Ahimsa y otras filosofías:

La ahimsa tiene raíces profundas en la filosofía y las tradiciones espirituales orientales y se compara y contrasta con algunas otras filosofías prominentes de todo el mundo. Una de las comparaciones más sorprendentes se puede establecer entre la ahimsa y el concepto de "no agresión" en el pensamiento ético occidental, en particular en el contexto de la filosofía moral y política. Mientras que la no agresión se centra en abstenerse de iniciar la fuerza o la coerción, la ahimsa abarca un espectro más amplio que se extiende más allá de la violencia física para incluir el daño mental y emocional. Esta distinción crucial ilumina la naturaleza integral de la ahimsa como principio rector para una vida armoniosa. Además, la comparación con la filosofía estoica proporciona valiosas perspectivas sobre los fundamentos éticos de la ahimsa. Los estoicos enfatizaban el cultivo de la tranquilidad interior y la búsqueda de la virtud como medios para alcanzar una vida floreciente. De manera similar, la ahimsa aboga por la paz interior y la rectitud moral como componentes esenciales en la búsqueda de una sociedad justa y compasiva. Al yuxtaponer estas filosofías, podemos obtener una comprensión más profunda de los valores universales que sustentan la Ahimsa. Al examinar la Ahimsa junto con la tradición judeocristiana, en particular el mandamiento "No matarás", surgen paralelismos en la reverencia fundamental por la vida. Sin embargo, el énfasis en el amor y el perdón en el cristianismo enriquece el debate, destacando la interconexión de la Ahimsa con la compasión y la misericordia como principios básicos para fomentar la coexistencia pacífica. En el ámbito del confucianismo, el concepto de "ren", a menudo traducido como "benevolencia" o "humanidad", guarda semejanza con el énfasis de la Ahimsa en la bondad y la empatía. Ambas filosofías enfatizan la importancia de cultivar un comportamiento virtuoso y cultivar relaciones armoniosas dentro de la sociedad, subrayando la importancia de la conducta ética para dar forma a una comunidad justa y próspera.

Capítulo XXII
ILUMINACIÓN Y CONCIENCIA

La naturaleza de la conciencia - Conciencia y realidad:

La conciencia, a la que a menudo se hace referencia como la esencia del ser, es un concepto enigmático que representa la estructura subyacente de nuestra existencia y esclarece la interconexión de todos los seres sintientes. La exploración de la conciencia profundiza en los aspectos fundamentales de la percepción, la cognición y la autoconciencia, ofreciendo perspectivas sobre la naturaleza de la realidad y la experiencia humana. En el contexto del Bhagavad Gita, la conciencia se describe como algo que trasciende las limitaciones del mundo material y proporciona una puerta de entrada al despertar espiritual.

En esencia, la conciencia encarna el estado de conciencia que permite a las personas percibir su entorno, procesar información y realizar introspección. Abarca no solo las experiencias sensoriales de la vista, el oído, el tacto, el gusto y el olfato, sino también los reinos más profundos del pensamiento, la emoción y la intuición. A través de una conciencia elevada, las personas adquieren un mayor sentido de claridad, concentración y atención plena, lo que les permite trascender las limitaciones de la existencia mundana y adoptar una comprensión holística del yo y del universo.

Además, la exploración de la conciencia se entrelaza con el concepto de realidad, ya que impulsa a las personas a cuestionar la naturaleza de la existencia y los verdaderos componentes del mundo que las rodea. En muchas tradiciones espirituales, incluidas las enseñanzas del Bhagavad Gita, la realidad se percibe como multidimensional, extendiéndose más allá del ámbito observable y tangible. La conciencia sirve como lente a través del cual las personas pueden discernir las capas de la realidad, revelando verdades que superan la comprensión convencional.

Además, el Bhagavad Gita ilustra la conciencia como el conducto para percibir la esencia divina dentro de uno mismo y en todos los seres vivos, haciendo hincapié en la interconexión de toda la creación. Esta perspectiva ilumina la armonía y la unidad intrínsecas que subyacen a la aparente diversidad y división del mundo, fomentando un profundo sentido de empatía, compasión y reverencia por todas las formas de vida. Por lo tanto, el cultivo de una conciencia elevada se alinea con la búsqueda de la evolución espiritual, permitiendo a las personas trascender las perspectivas egocéntricas y adoptar una visión del mundo más inclusiva y armoniosa.

Distinciones entre Ilustración y conocimiento:

En el discurso espiritual y filosófico, la iluminación y el conocimiento se utilizan a menudo indistintamente, pero representan estados distintos de conciencia y comprensión. El conocimiento suele referirse a información factual o teórica que se adquiere mediante el aprendizaje, el estudio o la experiencia. Pertenece a la acumulación de datos, conceptos y principios sobre el mundo, sus fenómenos y diversos temas de investigación. Por otro lado, la iluminación trasciende la mera cognición intelectual y abarca un cambio de conciencia y percepción. Denota una comprensión experiencial de verdades universales, sabiduría interior y la interconexión de toda la existencia. Si bien el conocimiento se puede compartimentar y categorizar, la iluminación impregna cada aspecto del ser y cataliza una transformación holística. Además, el conocimiento se puede transmitir desde fuentes externas como libros, maestros u observaciones, mientras que la iluminación surge desde dentro y se experimenta como una revelación o un despertar directo. Además, si bien el conocimiento está sujeto a cambios y evolución, en función de nuevos descubrimientos y avances, la iluminación representa un estado inmutable de percepción y claridad. No depende de la validación o verificación externa, sino que emana de una conexión profunda con el yo auténtico y la esencia divina del universo. Además, si bien el conocimiento puede fomentar la superioridad intelectual o la separación, la iluminación fomenta la humildad, la compasión y un sentido de pertenencia a un todo mayor.

El papel de la intuición y la revelación interior:

Si bien el conocimiento y la razón desempeñan su papel en la comprensión del mundo, la intuición proporciona una visión más profunda de la naturaleza de la realidad y del yo. Trasciende los límites de la lógica y la racionalidad, lo que permite a las personas acceder a una fuente de sabiduría que está más allá del intelecto. La revelación interior, a menudo descrita como un despertar o una intuición espiritual, tiene el poder de desvelar verdades sobre la existencia y la interconexión de toda la vida. En la búsqueda de la iluminación, cultivar la intuición y confiar en ella es primordial.

A lo largo de la historia, muchas tradiciones espirituales han reverenciado la importancia de la intuición y la revelación interior. En el Bhagavad Gita, el Señor Krishna enfatiza la importancia de la sabiduría intuitiva, guiando a Arjuna a confiar en su conocimiento interior frente a dilemas morales y cuestiones existenciales. De manera similar, en filosofías orientales como el taoísmo y el budismo zen, el concepto de comprensión intuitiva, conocido como "wu wei" y "satori" respectivamente, subraya el valor de acceder a un nivel más profundo de conciencia más allá de la comprensión intelectual.

Desde una perspectiva psicológica, pensadores de renombre como Carl Jung reconocieron la influencia de la intuición en la conciencia humana. Jung delineó la existencia del inconsciente colectivo, un reservorio de arquetipos simbólicos compartidos y patrones universales a los que se puede acceder a través de la intuición y la revelación interior. Jung creía que la integración de estos elementos en la conciencia propia era fundamental para lograr una psique armoniosa y equilibrada.

Las técnicas prácticas para perfeccionar la intuición incluyen prácticas de atención plena, meditación y ejercicios contemplativos que permiten a las personas sintonizarse con las señales internas sutiles. A través de una mayor autoconciencia y receptividad, uno puede comenzar a discernir los sutiles impulsos de la intuición en medio del ruido de la vida diaria. Además, fomentar una actitud abierta y receptiva hacia las percepciones intuitivas facilita la integración de esta dimensión en los procesos de toma de decisiones y el desarrollo personal.

Obstáculos en el camino hacia una conciencia superior:

El camino hacia una conciencia superior y la iluminación es un viaje plagado de desafíos y obstáculos. Estos obstáculos, ya sean internos o externos, a menudo impiden que las personas realicen plenamente su potencial espiritual. Un obstáculo importante es la incesante atracción de las distracciones materiales en el mundo acelerado e impulsado por el consumo de hoy. El bombardeo constante de información, tecnología y deseos materiales puede desviar la atención de la introspección y el crecimiento espiritual. Además, las normas sociales y las presiones culturales pueden crear barreras para la búsqueda de una comprensión más profunda de la conciencia y la iluminación. El miedo a ser incomprendido o alienado por la sociedad dominante puede ser un factor inhibidor para las personas que buscan la elevación espiritual. Además, la mente humana en sí misma presenta un obstáculo en el camino hacia una conciencia superior. Los patrones de pensamiento negativos, la duda sobre uno mismo y los sesgos cognitivos pueden nublar la capacidad de uno para percibir la realidad con claridad y pueden obstaculizar la búsqueda de la iluminación. Además, los apegos a las posesiones mundanas, las relaciones y el ego pueden actuar como obstáculos formidables en el viaje hacia la trascendencia. Otro impedimento importante es la falta de orientación o tutoría en el camino espiritual. Sin la dirección y el apoyo adecuados de profesionales experimentados, las personas pueden tener dificultades para afrontar las complejidades del crecimiento espiritual y pueden encontrarse con obstáculos.

Perspectivas comparativas desde las filosofías mundiales:

En las filosofías orientales, como el hinduismo y el budismo, el concepto de iluminación está profundamente arraigado en la consecución de la autorrealización y la trascendencia del ciclo del sufrimiento. El énfasis en la meditación, la atención plena y el cultivo de la paz interior como medios para alcanzar la iluminación distingue a estas tradiciones. La interconexión de todos los seres vivos y la impermanencia de la realidad material son enseñanzas clave que sustentan la búsqueda de la plenitud espiritual.

Por el contrario, las tradiciones filosóficas occidentales, en particular las antiguas filosofías grecorromanas y los desarrollos posteriores del existencialismo y la fenomenología, han abordado cuestiones relacionadas con la existencia humana y la búsqueda de sentido. La búsqueda de la sabiduría, la razón y la contemplación de las virtudes éticas han sido fundamentales para estas tradiciones. Las obras de filósofos como Aristóteles, Platón y Nietzsche ofrecen reflexiones sobre la naturaleza del yo, los valores morales y el propósito último de la vida humana.

Además, la sabiduría espiritual que se encuentra en las tradiciones indígenas de diversas culturas, como las filosofías de los nativos americanos, africanos y aborígenes australianos, aporta perspectivas únicas sobre la interconexión, la armonía con la naturaleza y la sacralidad de toda la vida. Estas tradiciones suelen destacar la importancia de vivir en equilibrio con el mundo natural y reconocer el valor intrínseco de cada aspecto de la creación, ofreciendo así perspectivas sobre la unidad de toda la existencia.

Capítulo XXIII
MEDITACIÓN

La meditación como disciplina vital:

La meditación es una disciplina integral de las prácticas espirituales descritas en el Bhagavad Gita, que ofrece un camino hacia la autoconciencia y la tranquilidad interior. No es una mera actividad de ocio casual, sino más bien un requisito vital para alcanzar una comprensión más profunda de uno mismo y del universo. La práctica de la meditación requiere un compromiso y una disciplina inquebrantables, ya que profundiza en el núcleo del propio ser, invitando a la introspección y la iluminación. A través de la meditación disciplinada, las personas pueden desentrañar sus pensamientos y emociones, fomentando así la claridad mental y el equilibrio emocional. La naturaleza vital de esta disciplina reside en su capacidad para expandir la conciencia más allá de los aspectos mundanos de la existencia y acceder al reino trascendental de la espiritualidad. Además, la meditación sirve como una poderosa herramienta para experimentar las complejidades de la vida, ofreciendo un santuario de serenidad en medio del caos y las exigencias del mundo exterior. Proporciona a las personas la resiliencia y la fortaleza para enfrentar los desafíos con ecuanimidad, reforzando así su fuerza y resiliencia internas. Además, la vitalidad de la meditación se ve subrayada por su potencial para crear una alineación armoniosa entre la mente, el cuerpo y el espíritu, fomentando el bienestar holístico. Al cultivar la conciencia del momento presente y sintonizarse con los ritmos del universo, las personas obtienen acceso a una fuente inagotable de paz interior y satisfacción. Esta vitalidad inherente impulsa la meditación más allá del ámbito de una mera práctica y la eleva al estado de una fuerza indispensable para sostener la vida. En última instancia, la incorporación de la meditación como una disciplina vital en el propio viaje espiritual conduce a las personas hacia una transformación, enriqueciendo sus vidas con propósito, claridad y alimento espiritual.

El papel de la atención plena en la meditación:

La atención plena implica dirigir la atención enfocada al momento presente, reconociendo los pensamientos, sensaciones y emociones sin juzgarlos. Cuando se integra en la meditación, la atención plena actúa como una fuerza guía que permite a las personas desarrollar una comprensión de su funcionamiento interno. A través de esta forma de autoconciencia, los practicantes pueden observar sus patrones mentales, fomentando una sensación de claridad y comprensión de sus procesos de pensamiento.

La atención plena también funciona como una herramienta para controlar las distracciones durante la meditación, lo que permite a las personas anclarse en la experiencia actual y desconectarse de los pensamientos errantes. Al aprovechar el poder de la atención plena, los meditadores pueden cultivar una conexión más profunda con el presente, desentrañando la riqueza de cada momento que pasa. Este estado elevado de conciencia no se limita a los momentos que se pasan meditando, sino que se extiende a la vida diaria, fomentando una sensación de tranquilidad y compostura.

Además, la atención plena se alinea con las enseñanzas fundamentales del Bhagavad Gita, que enfatiza la importancia de estar completamente presente en cada acción y experimentar la vida con todo el corazón. Al incorporar la atención plena a la meditación, los practicantes pueden refinar su capacidad de interactuar con el mundo de manera auténtica e intencional. La unión de la atención plena y la meditación allana el camino hacia la autorrealización y la paz interior, fomentando una relación armoniosa entre la mente, el cuerpo y el espíritu.

Paz interior a través de la meditación:

A medida que los practicantes de la meditación profundizan en el arte de la meditación, comienzan a descubrir la tranquilidad que reside en su interior. El acto de sentarse en contemplación silenciosa permite que la mente se calme, disolviendo gradualmente el parloteo incesante y la confusión de pensamientos que a menudo plagan nuestra conciencia. A través de la práctica dedicada, las personas pueden acceder a una fuente de serenidad, fomentando una sensación de calma que impregna cada faceta de su ser. Este proceso de cultivar la paz interior a través de la meditación implica un esfuerzo consciente para dejar de lado los apegos, los deseos y el control del ego, lo que permite el surgimiento de un estado mental pacífico. Además, la meditación sirve como una herramienta para el autodescubrimiento, brindando a las personas la oportunidad de explorar las profundidades de su paisaje interior, enfrentar sus miedos y, en última instancia, encontrar la paz dentro de sí mismas. A medida que la práctica se profundiza, las personas descubren un sentido inquebrantable de resiliencia, lo que les permite enfrentar los desafíos de la vida con ecuanimidad y gracia. Cultivar la paz interior a través de la meditación no es meramente un esfuerzo pasivo; La meditación proporciona a las personas la fuerza y la fortaleza necesarias para hacer frente a la adversidad, al tiempo que incorpora un sentido de armonía que se extiende a sus interacciones con los demás. Además, el cultivo de la paz interior a través de la meditación tiene implicaciones de largo alcance, que se extienden más allá del individuo para crear un efecto dominó que toca las vidas de quienes lo rodean. Fomenta un entorno de positividad, compasión y comprensión, contribuyendo así al bienestar general de la sociedad. A medida que las personas se sumergen en la práctica de la meditación, se convierten en faros de tranquilidad, emitiendo una energía calmante que resuena con el mundo en general. Al cultivar la paz interior, las personas se empoderan para llevar una vida guiada por la sabiduría, la compasión y la claridad, allanando el camino para una existencia más armoniosa para sí mismas y para los demás.

Integración de la meditación en la vida diaria:

Integrar la meditación en la rutina diaria es esencial para aprovechar sus beneficios más allá de los momentos de soledad. La aplicación holística de los principios meditativos a situaciones de la vida real fomenta una existencia más equilibrada y armoniosa. Al incorporar la atención plena a las actividades cotidianas, las personas pueden cultivar una mayor conciencia de sus pensamientos, emociones y acciones. Esta mayor conciencia les permite responder a los desafíos de la vida con mayor claridad y resiliencia.

La meditación también facilita la regulación emocional y mejora las relaciones interpersonales. Mediante el cultivo de una profunda paz interior, las personas están mejor preparadas para afrontar las interacciones personales y profesionales, lo que conduce a una mejor comunicación, empatía y comprensión. La integración de la meditación en la vida diaria permite a las personas abordar los conflictos y los factores estresantes con una sensación de calma y ecuanimidad, lo que contribuye a un entorno más armonioso tanto en el hogar como en el lugar de trabajo.

Además, la incorporación de prácticas meditativas a la rutina diaria sirve como herramienta para la autorreflexión y la superación personal. Al reservar tiempo específico para la introspección y la contemplación, las personas obtienen información valiosa sobre sus patrones de pensamiento, comportamientos y valores. Esta mayor autoconciencia facilita el crecimiento personal y fomenta un sentido más profundo de propósito y realización. Además, fomenta una conexión entre el individuo y el mundo que lo rodea, promoviendo un sentido de interconexión, compasión y gratitud.

La integración perfecta de la meditación en la vida diaria requiere un enfoque práctico. Establecer sesiones de meditación constantes en momentos específicos del día, como al despertar o antes de dormir, refuerza el hábito de la atención plena y la introspección. Además, incorporar técnicas de atención plena en actividades rutinarias como comer, caminar o trabajar mejora la continuidad de la conciencia meditativa a lo largo del día.

Capítulo XXIV
AUTOCONOCIMIENTO Y SABIDURÍA INTERIOR

Visión general del autoconocimiento:

El autoconocimiento es la piedra angular del crecimiento personal y del desarrollo espiritual. Abarca una comprensión profunda de las propias creencias, valores, emociones y motivaciones. El viaje hacia el autoconocimiento no es un mero ejercicio intelectual, sino una exploración del paisaje interior. Exige un enfoque honesto e introspectivo, que requiere que las personas se enfrenten a sus miedos, inseguridades y vulnerabilidades para obtener una visión de su verdadera naturaleza. El autoconocimiento permite a las personas reconocer sus fortalezas y limitaciones, fomentando un sentido de autenticidad y propósito en sus vidas. A través de este proceso, las personas pueden cultivar una mayor autoconciencia y alcanzar una comprensión del mundo que las rodea. Además, el autoconocimiento sirve como catalizador para la transformación personal, permitiendo a las personas tomar decisiones conscientes que se alinean con su verdad interior. Les permite afrontar los desafíos de la vida con resiliencia y claridad, fomentando el desarrollo de la inteligencia emocional y la empatía. Además, la búsqueda del autoconocimiento invita a las personas a reflexionar sobre sus experiencias, aprendiendo tanto de sus triunfos como de sus reveses. Esta práctica reflexiva fomenta la sabiduría, la compasión y una conexión más profunda con uno mismo y con los demás. La búsqueda del autoconocimiento también impulsa a las personas a explorar cuestiones existenciales sobre la naturaleza de la existencia, la identidad y el propósito, lo que las lleva por un camino de autodescubrimiento. En última instancia, el autoconocimiento no es simplemente un esfuerzo individual; tiene implicaciones de largo alcance para la conciencia colectiva de la sociedad. A medida que las personas adquieren una comprensión más profunda de su propio ser, se vuelven más capacitadas para contribuir positivamente a sus comunidades y al mundo en general.

El viaje interior: comprender el yo interior:

El viaje hacia el interior de uno mismo es una experiencia transformadora. Profundizar en las profundidades del yo interior permite una exploración profunda de nuestros pensamientos, emociones y percepciones, lo que conduce a una mayor comprensión de nuestra verdadera naturaleza. Esta odisea interna fomenta la autoconciencia y proporciona una visión de nuestro ser. Al enfrentarnos a este laberinto de la conciencia, desentrañamos capas de respuestas condicionadas e influencias sociales, revelando en última instancia la esencia auténtica que se encuentra en el núcleo de nuestra existencia. A través de la introspección y la contemplación, obtenemos claridad sobre nuestros deseos, miedos y motivaciones, lo que nos permite tomar decisiones conscientes alineadas con nuestro propósito superior. Además, comprender el yo interior permite a las personas cultivar la empatía y la compasión hacia sí mismas y hacia los demás, fomentando relaciones armoniosas y fomentando el crecimiento personal. El viaje hacia el interior actúa como un espejo, que refleja nuestras fortalezas y vulnerabilidades, impulsándonos hacia la autoaceptación y la realización. Ofrece una oportunidad para el autodescubrimiento y el autodominio, permitiendo a las personas aprovechar su potencial innato y transformar sus vidas. Este proceso de exploración promueve la resiliencia emocional y la fortaleza mental, equipando a las personas con las herramientas para enfrentar los desafíos de la vida con gracia y ecuanimidad. Además, comprender el yo interior ilumina la interconexión de todos los seres, fomentando un sentido de unidad e interdependencia con el mundo. El viaje interior es una evolución continua, un despliegue continuo de conocimientos y revelaciones que dan forma a nuestra percepción de nosotros mismos y nuestro lugar en el universo.

El papel de la introspección:

La introspección es una herramienta poderosa en la búsqueda de la sabiduría y el autodescubrimiento. Implica mirar hacia el interior, examinar nuestros pensamientos, emociones y motivos con una mirada perspicaz. A través de la introspección, uno puede obtener una comprensión más profunda de la propia naturaleza y desentrañar las complejidades de la mente humana. Este proceso a menudo conduce a un mayor sentido de autoconciencia y a una mejor comprensión del mundo que nos rodea.

En la búsqueda de la sabiduría, la introspección sirve como brújula que guía a las personas hacia la comprensión de sus creencias, valores y aspiraciones. Al realizar prácticas introspectivas, las personas pueden enfrentar sus miedos, reconocer sus vulnerabilidades y aceptar sus fortalezas. Este autoexamen permite reconocer patrones de conducta, identificar áreas de crecimiento personal y fomentar un mayor sentido de empatía hacia los demás.

Además, la introspección fomenta la atención plena, la práctica de estar plenamente presente en el momento presente. Al reflexionar conscientemente sobre nuestras experiencias y respuestas, cultivamos un estado de conciencia plena que nos permite tomar decisiones informadas y responder reflexivamente a los desafíos de la vida. A través de esta conciencia elevada, las personas tienen más probabilidades de actuar en consonancia con sus verdaderos valores y aspiraciones, allanando el camino para tomar decisiones y obtener resultados más sabios.

La introspección también facilita el desarrollo de la inteligencia emocional, ya que alienta a las personas a evaluar las emociones subyacentes que impulsan sus pensamientos y acciones. Al reconocer y comprender estas emociones, las personas pueden afrontar las relaciones interpersonales con mayor empatía, compasión y autenticidad. Esta mayor conciencia emocional contribuye al cultivo de la sabiduría, ya que impulsa a las personas a considerar las implicaciones más amplias de sus decisiones y a comportarse con integridad y previsión.

Además, la introspección sirve como un camino hacia la transformación personal. Permite a las personas aventurarse más allá de las observaciones superficiales y ahondar en las profundidades de su psique. Al hacerlo, encuentran oportunidades para el autodescubrimiento, la autoaceptación y el crecimiento personal. Al participar activamente en prácticas introspectivas, las personas se abren a la posibilidad de trascender las limitaciones y evolucionar hacia su yo más elevado.

Fundamentos filosóficos del Atman en la literatura védica:

Los textos védicos, que se basan en la sabiduría ancestral y en la investigación espiritual, desentrañan la esencia del alma individual, el Atman, y su conexión eterna con la conciencia cósmica. El Rigveda, una de las escrituras más antiguas, alude a la omnipresencia y la naturaleza inmortal del Atman, haciendo hincapié en su relación inherente con el Espíritu Universal. Esta comprensión fundamental sienta las bases para explorar las dimensiones metafísicas del Atman en los textos védicos posteriores. Los Upanishads, reverenciados como la culminación del pensamiento védico, ahondan en la naturaleza del Atman, elucidando su carácter trascendental y su vínculo inseparable con Brahman, la realidad última. A través de discursos y de la contemplación meditativa, los

Upanishads abogan por la realización del verdadero Ser, el Atman, como la clave para la iluminación y la liberación de la esclavitud mundana. Además, el Bhagavad Gita, un diálogo filosófico entre el Señor Krishna y Arjuna, refuerza la naturaleza inviolable del Atman, instando a las personas a discernir la esencia imperecedera dentro de sí mismas en medio de los aspectos transitorios de la existencia. El texto enfatiza la inmutabilidad e indestructibilidad del Atman, que proporciona fortaleza moral y fuerza interior frente a las adversidades. Además, los Puranas y los Smritis delinean el papel del Atman en la formación de la conducta moral y la vida recta, guiando así a las personas hacia la autorrealización y la realización espiritual.

Diferencias entre el Atman y el Ego:

En el Bhagavad Gita, el Señor Krishna arroja luz sobre la verdadera naturaleza del ser y la naturaleza ilusoria del ego. El ego, a menudo asociado con la mente, se define por su apego al mundo material, la identificación con el cuerpo físico y el sentido de individualidad. Se nutre de deseos, miedos e inseguridades, busca constantemente la validación y perpetúa una falsa sensación de separación. Por el contrario, el Atman representa la esencia eterna e inmutable de un individuo más allá del reino físico. Significa la chispa divina dentro de cada ser, conectada con la conciencia universal. Comprender esta dualidad es crucial para emprender el camino de la autorrealización.

El ego, impulsado por los apegos mundanos y las experiencias transitorias, crea un velo que obstruye la realización del Atman. A través de la introspección y las prácticas espirituales, uno puede comenzar a discernir el funcionamiento del ego y su influencia en los pensamientos, las emociones y las conductas. Este proceso exige autoconciencia, humildad y una voluntad de enfrentar las creencias limitantes y los patrones condicionados. A medida que uno va desprendiendo las capas del ego, la luz radiante del Atman comienza a brillar a través de ellas, iluminando el camino hacia la transformación interior.

Un análisis espiritual del Atman y del ego requiere una exploración profunda del concepto de identidad. En el mundo moderno, muchas personas obtienen su sentido de autoestima y satisfacción de objetivos externos, como logros profesionales, estatus social y posesiones materiales, una manifestación de la fortaleza del ego. Sin embargo, a medida que los buscadores espirituales profundizan en la indagación sobre sí mismos, se dan cuenta de que el verdadero yo, el Atman, trasciende estas identificaciones superficiales. Esta comprensión impulsa un cambio de la validación externa a la armonía interna, lo que conduce a un sentido de propósito e interconexión con toda la vida.

Además, el Atman se caracteriza por su naturaleza y sus cualidades inherentes de paz, dicha y sabiduría. Por otro lado, el ego es propenso a fluctuaciones, apegos y fluctuaciones incesantes. Al reconocer estas distinciones, las personas adquieren una visión de la naturaleza efímera de las actividades impulsadas por el ego y se conectan con la serenidad del Atman. Esta conciencia fomenta una sensación de liberación de las ataduras del materialismo, lo que permite a las personas adoptar una forma de vida más alineada con la espiritualidad.

Conocimiento vs. Sabiduría:

En la búsqueda del autodescubrimiento y el crecimiento espiritual, es crucial discernir la disparidad entre conocimiento y sabiduría. Mientras que el conocimiento se refiere a la acumulación de información y hechos adquiridos a través del aprendizaje y la experiencia, la sabiduría encapsula la comprensión y aplicación profunda de este conocimiento dentro del contexto de la vida y el mundo que nos rodea. El conocimiento puede obtenerse a través de varios canales, como la educación, el estudio y la observación, pero la sabiduría va más allá de la conciencia de los hechos. Abarca el discernimiento, la percepción y la capacidad de tomar decisiones y emitir juicios sólidos. Esencialmente, la sabiduría implica la asimilación del conocimiento con la reflexión introspectiva, la comprensión contextual y las consideraciones éticas. Distinguir entre conocimiento y sabiduría implica reconocer que mientras el conocimiento proporciona el "qué", la sabiduría ilumina el "por qué" y el "cómo". El conocimiento puede pertenecer a teorías y principios, mientras que la sabiduría profundiza en su significado e implicaciones prácticas. Además, el conocimiento puede compartirse e impartirse, pero la sabiduría es un viaje personal que integra los valores y creencias de uno en la comprensión del mundo. Implica aplicar el conocimiento con empatía, inteligencia emocional y previsión. En el ámbito espiritual, la sabiduría se extiende más allá de la experiencia convencional al integrar conocimientos morales y existenciales. Además, si bien el conocimiento a menudo puede ser objetivo y universal, la sabiduría suele reflejar una comprensión subjetiva y personalizada que evoluciona a través de la introspección, la experiencia y la madurez.

La interacción entre mente, cuerpo y espíritu:

La interconexión entre la mente, el cuerpo y el espíritu es un aspecto fundamental del autoconocimiento y la sabiduría interior. En diversos textos antiguos y tradiciones espirituales se hace hincapié en la naturaleza holística de la existencia humana, destacando la relación entre estos tres componentes esenciales. Comprender la interacción entre la mente, el cuerpo y el espíritu es crucial para lograr la armonía y el equilibrio en nuestras vidas.

La mente, con sus pensamientos, emociones e intelecto, es la sede de la conciencia y el punto focal de nuestros procesos mentales. Tiene el poder de moldear nuestras percepciones, creencias y actitudes, influyendo en nuestras acciones y experiencias. El cuerpo, que comprende la forma física y sus funciones fisiológicas, es el vehículo a través del cual interactuamos con el mundo exterior. Es una manifestación de nuestro estado interior y un vehículo para expresar nuestros pensamientos y sentimientos.

Además, el espíritu, que a menudo se interpreta como la esencia de nuestro ser o la chispa divina que habita en nuestro interior, trasciende las limitaciones del reino material. Representa nuestra conexión con algo superior a nosotros mismos y evoca un sentido de propósito y significado en la vida. La interacción entre estos tres elementos constituye la base de nuestro bienestar holístico y nuestro crecimiento espiritual.

En muchas prácticas contemplativas y enseñanzas filosóficas, se hace hincapié en la integración de la mente, el cuerpo y el espíritu como un medio para cultivar la autoconciencia y el equilibrio interior. Al fomentar una relación armoniosa entre estos aspectos, las personas pueden alcanzar una comprensión de su funcionamiento interno y de la interconexión de toda la vida. Técnicas como la meditación, el yoga y la atención plena tienen como objetivo sincronizar la mente, el cuerpo y el espíritu, lo que conduce a un estado de mayor conciencia y trascendencia.

Además, la interacción entre la mente, el cuerpo y el espíritu se extiende más allá del bienestar individual y tiene implicaciones más amplias para la conciencia colectiva y la armonía social. Reconocer la naturaleza interconectada de todos los seres y del universo fomenta la compasión, la empatía y una apreciación más profunda de la existencia. Esta comprensión puede inspirar acciones altruistas y un sentido de interconexión, promoviendo una transformación positiva a escala personal y global.

Liberación a través de la autoconciencia:

La liberación a través de la autoconciencia es un concepto fundamental profundamente arraigado en las enseñanzas del Bhagavad Gita. El texto enfatiza el impacto que la autoconciencia puede tener en el viaje espiritual de un individuo hacia la iluminación y la liberación. La autoconciencia, en este contexto, se refiere a la comprensión y realización profundas de la propia naturaleza verdadera más allá de los aspectos transitorios del mundo físico. Implica reconocer la interconexión del yo con la conciencia divina y la energía universal que impregna toda la existencia. Al cultivar la autoconciencia, las personas pueden trascender las limitaciones del ego y alcanzar un estado de claridad y armonía interior. Este proceso de autorrealización conduce a una sensación de liberación del ciclo del samsara, el ciclo repetitivo de nacimiento, muerte y renacimiento. A través de una mayor autoconciencia, las personas obtienen una visión de su divinidad intrínseca y establecen una conexión con el orden cósmico. Esta conexión facilita la liberación del apego a los deseos materiales y la búsqueda egoísta de ganancias mundanas. En cambio, las personas se alinean con el propósito superior de servir al bien mayor y alcanzar la realización espiritual. El Bhagavad Gita subraya el poder transformador de la autoconciencia al iluminar el camino para trascender el sufrimiento y alcanzar la paz interior. Enseña a los buscadores a mirar hacia adentro y explorar introspectivamente las profundidades de su conciencia, liberándose de las cargas de la ignorancia y el engaño. La liberación a través de la autoconciencia no implica desapego del mundo, sino más bien una sensación de presencia y compromiso con las experiencias de la vida, guiadas por la sabiduría y la visión espiritual. Al comprender plenamente las complejidades del yo, las personas pueden enfrentar los desafíos de la existencia con gracia y aplomo, sin dejarse influir por las circunstancias externas. Este nivel de autoconciencia fomenta la resiliencia, la compasión y una aceptación profunda de la naturaleza constantemente cambiante de la realidad. Alienta a las personas a abrazar su divinidad inherente y encarnar las virtudes del amor, la bondad y la empatía en sus interacciones con los demás. En última instancia, la búsqueda de la autoconciencia como medio de liberación se alinea con los temas generales del Bhagavad Gita, promoviendo la evolución de la conciencia y la realización de verdades eternas que trascienden las dimensiones temporales de la existencia humana.

El vínculo entre el autoconocimiento y la unidad con el universo:

El autoconocimiento, tal como se expone en el Bhagavad Gita, ofrece una visión de la interconexión del Atman con el universo expansivo. A través de la búsqueda del autoconocimiento, uno comienza a desentrañar las capas de la existencia condicionada y se da cuenta de que el Atman no está separado, sino que está entretejido en la estructura del cosmos. Esta comprensión constituye la base para alcanzar una unidad armoniosa con el universo.

En el centro de este vínculo se encuentra el reconocimiento de que el yo individual está fundamentalmente conectado con la conciencia universal. El Bhagavad Gita enseña que el Atman, o el yo verdadero, es eterno y trasciende los límites del tiempo y el espacio. A medida que los individuos cultivan una comprensión más profunda de su naturaleza más íntima a través de la introspección y la autoindagación, descubren la esencia universal que impregna toda la existencia. Esta conciencia fomenta un sentido de unidad con el universo, lo que conduce a un sentido de interconexión y empatía por todos los seres.

Además, el vínculo entre el autoconocimiento y la unidad con el universo se extiende a las dimensiones éticas y morales de la vida humana. Cuando los individuos reconocen la divinidad inherente a sí mismos a través del autoconocimiento, naturalmente extienden este reconocimiento a los demás, fomentando la compasión, la bondad y una forma ética de vida. Al darse cuenta de que la misma esencia divina reside en todos los seres vivos, los individuos se ven obligados a actuar desinteresadamente y de manera responsable, contribuyendo así positivamente al bienestar colectivo de la sociedad.

Además, la búsqueda del autoconocimiento genera un profundo respeto por el mundo natural y la red de la vida. La comprensión de la conexión del Atman con el orden cósmico conduce a una conciencia ecológica en la que los individuos sienten un sentido de responsabilidad hacia el medio ambiente y todos los organismos vivos. Esta mayor conciencia cultiva una relación sostenible y reverencial con la naturaleza, en consonancia con el principio de no dañar, o ahimsa, que es fundamental en las enseñanzas del Bhagavad Gita.

Capítulo XXV
LA DEVOCIÓN EN ACCIÓN

Bhakti - La esencia de la práctica devocional:

Bhakti, el camino de la devoción amorosa, ha sido ensalzado como un medio fundamental para alcanzar la unión con lo divino. La esencia de Bhakti reside en el amor, la adoración y la entrega a lo divino, trascendiendo las formalidades y las barreras convencionales. Esta práctica devocional está profundamente arraigada en las escrituras religiosas, los himnos y la literatura de diversas culturas, y enfatiza el vínculo eterno entre el devoto y lo divino. Explorar los aspectos y principios fundamentales de Bhakti, tal como se destacan en varios textos espirituales, revela un hilo conductor común de fe inquebrantable, amor desinteresado y devoción absoluta a la deidad o forma de lo divino elegida. La evolución de Bhakti se puede rastrear a través de los anales de la historia, y se puede observar su transformación desde ofrendas rituales hasta una relación íntima y personal con lo divino. Esta metamorfosis refleja la búsqueda humana universal de la realización espiritual y la comunión con el poder superior, independientemente de las fronteras culturales o geográficas. A medida que uno profundiza en la esencia de Bhakti, se hace evidente que esta práctica devocional abarca un amplio espectro de expresiones, desde el canto y la danza extáticos hasta la contemplación silenciosa y el servicio a la humanidad. Un aspecto central del concepto de Bhakti es la idea de la entrega desinteresada y la absorción en lo divino, que conduce a la trascendencia de los apegos mundanos y los deseos egocéntricos. Ejemplifica el anhelo innato del alma humana por una conexión más profunda con lo divino, trascendiendo lo mundano y buscando refugio en lo eterno. Este amor y esta devoción han sido celebrados en las obras maestras literarias, los tratados filosóficos y la poesía devocional de santos y místicos, lo que subraya el poder transformador de Bhakti en las vidas de las personas a través del tiempo y el espacio.

El principio de la devoción:

En su núcleo filosófico, Bhakti se basa en el concepto de amor y adoración inquebrantables por lo divino, trascendiendo las nociones tradicionales de la práctica religiosa y el dogma. Subraya la unidad intrínseca entre el devoto y el objeto de devoción, haciendo hincapié en una conexión profundamente personal e íntima con lo divino.

El principio central de Bhakti es la idea de la rendición: depositar una confianza y una fe sin reservas en lo divino, independientemente de los deseos o resultados personales. Este acto de rendición denota un reconocimiento de la omnipotencia y la benevolencia de lo divino, fomentando un sentido de humildad y reverencia en el devoto. Además, la filosofía Bhakti afirma que esta rendición abarca todas las facetas de la vida de uno, impregnando cada pensamiento, acción y emoción con un espíritu de devoción.

La noción de la gracia divina también desempeña un papel fundamental en la comprensión del Bhakti. El devoto, a través de su amor y dedicación inquebrantables, busca la gracia de lo divino, considerándola como la fuente última de liberación y realización espiritual. En este contexto, la devoción se considera un intercambio de amor entre el devoto y lo divino, en el que este último otorga bendiciones y guía al primero.

Además, Bhakti presenta un marco integral para comprender las diversas manifestaciones de lo divino, abarcando la naturaleza multifacética de la espiritualidad en todas las culturas y tradiciones. Reconoce y celebra la pluralidad de expresiones de devoción, lo que ilustra que los caminos hacia la comunión divina son tan variados como los individuos que los recorren. Esta inclusividad se extiende más allá de las fronteras religiosas, abarcando la esencia de la devoción como una experiencia humana universal, que trasciende las divisiones culturales, geográficas y temporales.

Es importante destacar que los fundamentos filosóficos del Bhakti enfatizan el poder transformador del amor y la devoción. Al sumergirse en la práctica del Bhakti, las personas emprenden un viaje interior, experimentando un cambio de conciencia y perspectiva. Esta transformación trasciende el ámbito de la mera creencia y se convierte en una realidad vivida que infunde propósito, significado y conexión espiritual a todos los aspectos de la existencia del devoto.

Formas de devoción:

La devoción, como experiencia humana universal, se expresa de diversas formas en todas las culturas. Ya sea que se manifieste a través de oraciones, rituales, música, arte o reuniones comunitarias, la esencia de la devoción trasciende las fronteras globales y une a las personas en su búsqueda de la gracia divina. En el hinduismo, el movimiento Bhakti elevó las prácticas devocionales a la prominencia, enfatizando el apego personal y el amor por lo divino como el verdadero camino hacia la realización espiritual. Los diversos bhavas o estados emocionales como shringara (romántico), vatsalya (paternal) y sakhya (amistoso) enriquecen aún más el panorama de la devoción, brindando a los devotos diferentes vías para expresar su amor y reverencia hacia lo divino. Además, el concepto de seva, o servicio desinteresado, está profundamente entrelazado con la práctica de Bhakti, enfatizando la importancia de servir a los demás como un acto de devoción. Más allá de los límites del hinduismo, la tradición islámica encarna la devoción a través de la práctica del dhikr, el recuerdo de Alá a través de la recitación y la meditación. Este acto de recuerdo constante infunde una sensación de paz interior y elevación espiritual, fomentando una profunda conexión con lo divino. De manera similar, en el cristianismo, las prácticas devocionales como el rezo del rosario, asistir a misa o participar en peregrinaciones sirven como expresiones tangibles de fe y adoración, acercando a las personas a Dios. Además, la tradición sufí dentro del Islam celebra el concepto del amor divino, empleando la música, la danza y la poesía como vehículos para expresar la devoción y lograr la unión mística con el Amado. En las filosofías orientales, incluido el budismo y el taoísmo, la devoción se encarna en forma de reverencia, humildad y presencia consciente, lo que refleja un profundo respeto por la interconexión de toda la existencia y la búsqueda del despertar espiritual. A través de postraciones, cánticos y ofrendas, los devotos honran a los seres iluminados y buscan su guía en el camino hacia la iluminación.

El impacto de Bhakti en la psique individual:

Bhakti, el camino del amor devocional y la adoración, penetra profundamente en los reinos de la conciencia humana, alimentando un sentido de conexión emocional con lo divino. A medida que los practicantes se sumergen en las prácticas devocionales, experimentan una elevación de su paisaje emocional interior. El poder transformador de Bhakti se hace evidente al generar sentimientos de amor, alegría y reverencia en el practicante.

Esta forma de devoción actúa como catalizador del autodescubrimiento y la introspección, animando a las personas a embarcarse en un viaje espiritual que fomenta un profundo sentido de plenitud y satisfacción. A través de la expresión del amor y la devoción hacia lo divino, los practicantes aprenden a cultivar una mayor conciencia de su mundo interior. Bhakti los lleva a enfrentar y trascender sus luchas personales, ayudando a la curación emocional y al bienestar psicológico.

Además, el impacto de Bhakti se extiende más allá del individuo y abarca dimensiones sociales y comunitarias más amplias. A medida que los devotos se sumergen en rituales devocionales y cantos congregacionales, surge un sentido de unidad que une a personas de diversos orígenes en una experiencia espiritual compartida. Este vínculo comunitario fomenta un sentido de pertenencia e interconexión, ofreciendo consuelo y apoyo a las personas que experimentan los desafíos de la vida.

A nivel cognitivo, se ha comprobado que la práctica de Bhakti infunde emociones positivas, como gratitud, compasión y optimismo, en la mente de los practicantes. Estos cambios emocionales se manifiestan en un mejor bienestar mental, lo que contribuye a reducir el estrés, la ansiedad y la depresión. Además, el cultivo del amor incondicional a través de Bhakti abre caminos para el perdón, la aceptación y la empatía, enriqueciendo las relaciones interpersonales del practicante y promoviendo una coexistencia armoniosa dentro de la comunidad.

Interconexión entre Bhakti y otros caminos:

Bhakti está intrínsecamente interconectado con los caminos del Karma y el Jnana, formando un marco integral para la evolución espiritual. Si bien los caminos pueden parecer distintos, una exploración más profunda revela su interacción sutil e influencia mutua en el viaje del aspirante hacia la autorrealización. Karma, el camino de la acción desinteresada, complementa a Bhakti al enfatizar la importancia de realizar los deberes propios sin apego a los frutos de esas acciones. El servicio desinteresado propugnado en el Karma yoga se convierte en una expresión de devoción cuando se realiza con una dedicación inquebrantable a lo divino. Esta mentalidad fomenta un sentido de entrega y humildad, aspectos esenciales de Bhakti. De manera similar, Jnana, el camino del conocimiento y la sabiduría, proporciona la base intelectual para comprender la naturaleza de lo divino y la interconexión de toda la existencia. A medida que el devoto profundiza en los fundamentos filosóficos de la existencia, el corazón se infunde de reverencia y amor por lo divino, fortaleciendo así la práctica de Bhakti. Además, la búsqueda de Jnana permite al practicante discernir las ilusiones del mundo material, alineando su enfoque con la verdad eterna y fomentando un estado de devoción. Además, el concepto de Jnana fomenta la introspección y la autoindagación, cualidades que profundizan la conexión emocional del devoto con lo divino. La integración armoniosa de Bhakti, Karma y Jnana empodera al buscador para cultivar un enfoque holístico del crecimiento espiritual. Al involucrarse en acciones desinteresadas basadas en la devoción, buscando conocimiento para desentrañar los misterios de la existencia y alimentando un amor ferviente por lo divino, el aspirante se embarca en un viaje integral de autodescubrimiento y trascendencia. Esta interconexión subraya la unidad intrínseca de los caminos, enfatizando que Bhakti, Karma y Jnana no son prácticas aisladas sino facetas complementarias de una búsqueda unificada de realización espiritual.

El papel de los rituales en el fortalecimiento de la devoción:

Los rituales desempeñan un papel importante en la práctica de Bhakti, ya que proporcionan un medio tangible para que las personas expresen y refuercen su devoción a lo divino. Estas ceremonias y observancias estructuradas sirven como poderosos conductos que conectan a los practicantes con su deidad o ideal espiritual elegido. Al participar en rituales, los devotos establecen un sentido de espacio y tiempo sagrados, creando un entorno propicio para profundizar su conexión emocional y espiritual con lo divino. La naturaleza repetitiva de los rituales también infunde un sentido de disciplina y rutina, fomentando la coherencia en la práctica devocional. Además, los rituales a menudo implican acciones y ofrendas simbólicas, que simbolizan humildad, reverencia y gratitud hacia lo divino. Este acto de ofrenda sirve para purificar la mente y elevar la conciencia del practicante, intensificando así su devoción. Además, el aspecto comunitario de participar en rituales fomenta un sentido de pertenencia y unidad entre los devotos, amplificando la energía y la devoción colectivas dentro de la comunidad espiritual. Proporciona una plataforma para que las personas se reúnan, compartan experiencias y se apoyen mutuamente en sus viajes espirituales. Además, la realización de rituales sirve como un potente medio para expresar y reafirmar el compromiso de uno con lo divino, fortaleciendo el vínculo entre el practicante y el objeto de su devoción. A través de estos roles multifacéticos, los rituales se convierten en un componente vital para nutrir y profundizar la práctica de Bhakti, contribuyendo al desarrollo holístico de la vida espiritual de un individuo. Es imperativo reconocer que, si bien los rituales tienen un valor intrínseco para fomentar la devoción, la sinceridad genuina y el compromiso consciente son cruciales para garantizar que se mantenga la esencia de Bhakti. Cuando se abordan con amor y reverencia genuinos, los rituales tienen el potencial de transformar el corazón y elevar al practicante a estados superiores de conciencia espiritual, lo que en última instancia conduce a una conexión más íntima con lo divino.

Transformación a través de la devoción - Narrativas personales:

El poder de la devoción para transformar a las personas ha sido un tema de profunda intriga y estudio académico durante siglos. Al explorar el impacto del bhakti en las narrativas personales, se hace evidente que la práctica tiene el potencial de generar cambios internos y externos. Las narrativas personales de personas que han adoptado la devoción como forma de vida sirven como testimonio de su influencia transformadora. Estas narrativas capturan la esencia de la devoción, ilustrando su capacidad para inculcar un sentido de propósito, infundir resiliencia en las vidas y fomentar una profunda conexión emocional con lo divino.

Un tema común que surge de estas narraciones es la idea de la rendición: el acto de renunciar al control y depositar una confianza inquebrantable en lo divino. Esta rendición no es un signo de debilidad, sino más bien un reconocimiento de las limitaciones de la acción humana y una aceptación de la armonía cósmica. A través de sus narraciones, las personas comparten cómo este sentido de rendición las ha liberado de la ansiedad, el miedo y la duda sobre sí mismas, permitiéndoles enfrentar los desafíos de la vida con gracia y aceptación.

Además, las narraciones destacan el poder transformador del amor como un componente inherente a la devoción. El profundo e inquebrantable afecto por lo divino que se fomenta a través de las prácticas devocionales crea un efecto dominó que se extiende a todas las facetas de la vida. Las personas hablan de cómo este amor les ha permitido cultivar la empatía, la compasión y la comprensión, fomentando relaciones sólidas y armoniosas con los demás y fomentando una mentalidad resiliente y compasiva.

Además, las narraciones personales arrojan luz sobre el papel de la devoción en el cultivo de la resiliencia y la fortaleza frente a la adversidad. A través de relatos de pruebas y tribulaciones personales, las personas comparten cómo su devoción les proporcionó una fuente inquebrantable de fortaleza y esperanza, lo que les permitió enfrentar las circunstancias difíciles con una determinación inquebrantable y una fe inquebrantable en el plan divino.

Capítulo XXVI
LA PRESENCIA DE DIOS

Perspectivas filosóficas sobre lo divino:

El concepto de lo divino ha sido objeto de reflexión para filósofos, teólogos y eruditos, ofreciendo una rica fuente de investigación sobre la naturaleza de la existencia y las realidades metafísicas. Los enfoques filosóficos sobre lo divino se basan en el análisis crítico y la reflexión, buscando desentrañar los misterios de la trascendencia y la inmanencia. Las principales escuelas filosóficas como el vedanta, el neoplatonismo y el escolasticismo han lidiado con la ontología divina, la cosmología y la teodicea. Las filosofías vedánticas exploran la naturaleza no dualista de la realidad suprema, presentando lo divino como la esencia última subyacente al universo y a los seres individuales. El pensamiento neoplatónico contempla lo divino como la fuente y culminación de toda existencia, imaginando una emanación jerárquica del ser a partir del Uno divino. La filosofía escolástica, fuertemente influenciada por la teología cristiana, se involucra en el discurso sobre los atributos de Dios y la reconciliación de la omnipotencia divina con la existencia del mal. Los puntos de vista teístas, ateos y panteístas enriquecen aún más el panorama filosófico, ya que cada uno ofrece perspectivas distintas sobre la relación entre la humanidad y lo divino. Las filosofías teístas postulan una deidad personal y amorosa como el centro de la devoción y la guía moral, mientras que las doctrinas ateas afirman la falta de creencia en ninguna deidad, enfatizando el racionalismo y la observación empírica por sobre la fe. Las perspectivas panteístas perciben lo divino como inmanente dentro del mundo natural, difuminando los límites entre lo sagrado y lo mundano. El razonamiento filosófico también explora el problema de la trascendencia e inmanencia divinas, examinando cómo lo divino interactúa con el reino material al tiempo que mantiene su soberanía inherente. La dialéctica entre la fe y la razón, tal como se encarna en las obras de figuras como Tomás de Aquino y Maimónides, demuestra intentos de armonizar la convicción religiosa con la investigación racional. En general, la contemplación de lo divino desde puntos de vista filosóficos proporciona una base para comprender las complejidades de la espiritualidad humana y la búsqueda eterna de verdades trascendentes.

Simbolismo en los textos sagrados:

El uso del simbolismo en los textos sagrados está profundamente arraigado en la creencia de que ciertos símbolos tienen un significado inherente y pueden evocar una poderosa resonancia espiritual en las personas. Estos símbolos suelen servir como puertas de acceso a estados superiores de conciencia y se cree que facilitan una conexión directa con el reino divino.

En las escrituras hindúes, como los Vedas y los Upanishads, abundan las representaciones simbólicas, con deidades, animales y elementos naturales que tienen un profundo significado alegórico. Por ejemplo, la flor de loto se utiliza con frecuencia para simbolizar la pureza, la iluminación y el desarrollo espiritual. La danza cósmica del dios Shiva, conocida como Tandava, representa el movimiento rítmico del universo y la interacción dinámica de la creación, la preservación y la disolución.

De manera similar, en la tradición judeocristiana, símbolos como la paloma, la cruz y la zarza ardiente están cargados de un rico simbolismo que representa la paz, el sacrificio y la revelación divina, respectivamente. Las parábolas de Jesús en el Nuevo Testamento a menudo emplean un lenguaje simbólico para transmitir enseñanzas morales y espirituales, invitando a los lectores a ahondar en capas más profundas de interpretación y contemplación.

En textos islámicos como el Corán, los motivos simbólicos como la luz, el agua y los jardines son recurrentes y evocan temas de iluminación, purificación y paraíso. Estos símbolos guían a los creyentes hacia una comprensión más profunda de su fe y brindan un marco para interpretar la interconexión de las dimensiones materiales y espirituales de la existencia.

En el budismo, los textos y enseñanzas sagrados están repletos de símbolos, como la rueda del Dharma, el árbol Bodhi y el trono de loto, cada uno de los cuales tiene significados matizados relacionados con el camino del despertar, la iluminación y el cese del sufrimiento. Estos símbolos sirven como dispositivos mnemotécnicos que ayudan a los practicantes a retener y recordar verdades filosóficas complejas y preceptos éticos.

El uso del simbolismo en los textos sagrados también invita a las personas a realizar interpretaciones alegóricas y a contemplar los niveles más profundos de significado inherentes a las narraciones religiosas. A través de la exploración de los símbolos, se anima a los lectores a discernir verdades universales y percepciones personales, trascendiendo lo literal y ahondando en los misterios inefables de la existencia.

Tipos de manifestaciones divinas:

En las distintas tradiciones religiosas y espirituales, las manifestaciones divinas adoptan expresiones multifacéticas, cada una con su propio simbolismo y significado. Un tipo predominante es la encarnación de deidades o seres divinos en forma humana, como se ve en las historias de Krishna, Rama y otras figuras veneradas en la mitología hindú. Estas manifestaciones suelen considerarse la encarnación de cualidades divinas y sirven como ejemplos para que la humanidad las emule. Otra forma de manifestación divina existe en el mundo natural, donde la belleza y majestuosidad de la creación se perciben como una expresión de la presencia de lo Divino. Esto se puede observar en los paisajes imponentes, el equilibrio de los ecosistemas y el ciclo de la vida y la muerte, todos los cuales reflejan un orden ordenado por Dios. Además, las manifestaciones divinas también pueden tomar forma a través de eventos milagrosos o intervenciones que trascienden las leyes de la naturaleza, inspirando asombro y fe entre los creyentes. Estos sucesos extraordinarios a menudo se atribuyen a la influencia directa de lo Divino en las vidas de las personas o las comunidades. El concepto de avatares, o descensos divinos, representa otra faceta de las manifestaciones divinas, en las que el Ser Supremo asume diversas formas para restablecer el equilibrio cósmico y guiar a la humanidad en tiempos de crisis moral. Además, dentro de las tradiciones místicas y esotéricas, el despertar interior de la conciencia espiritual se considera una manifestación de lo Divino dentro del individuo, que culmina en una unión íntima y transformadora con lo trascendente. Es importante señalar que estas manifestaciones no se limitan a ninguna tradición o sistema de creencias en particular; más bien, reflejan el anhelo universal de la humanidad de conectarse con lo inefable y buscar un significado más allá del reino material.

Experiencias y testimonios personales:

Al explorar el concepto de manifestación divina, es imperativo considerar el impacto de las experiencias y testimonios personales en la formación de las creencias y la comprensión de la presencia divina por parte de las personas. Las experiencias personales a menudo sirven como evidencia convincente para muchas personas, influyendo en su percepción de lo divino y reforzando su fe. Estas experiencias pueden variar desde momentos de iluminación espiritual hasta encuentros sutiles, pero profundamente significativos, que dejan una impresión indeleble en el alma.

Los testimonios de personas de distintas culturas y tradiciones ofrecen un rico tapiz de narraciones que reflejan las múltiples formas en que las personas llegan a reconocer e interpretar lo divino en sus vidas. Cada testimonio ofrece una perspectiva única, arrojando luz sobre la naturaleza profundamente personal de los encuentros divinos. Estos testimonios también destacan los aspectos universales de la experiencia humana, haciendo hincapié en los hilos comunes que nos unen en nuestra búsqueda de significado y conexión con lo divino.

Las experiencias y los testimonios personales suelen servir como fuente de inspiración y guía para quienes buscan una comprensión más profunda de lo divino. Ofrecen una visión de la riqueza y la complejidad de la espiritualidad humana, que trasciende las fronteras doctrinales y las diferencias culturales. Ya sea a través de visiones milagrosas, sincronicidades inexplicables o momentos de paz y claridad abrumadoras, estos relatos personales revelan el impacto de lo divino en las vidas individuales y el poder transformador de tales encuentros.

Además, las experiencias y los testimonios personales desempeñan un papel crucial en el fomento de la empatía y la comprensión entre las comunidades de fe. Al compartir sus historias, las personas crean espacios de diálogo y apoyo mutuo, fomentando un sentido de parentesco y pertenencia. Estas narraciones también sirven para fortalecer la fe colectiva y la resiliencia de las comunidades, brindando consuelo y fortaleza en tiempos de adversidad.

El papel de la fe en la percepción de lo divino:

En el contexto de la espiritualidad y las creencias religiosas, la fe es la lente a través de la cual se interpreta y comprende la presencia de lo divino. Es una fuerza intangible que inspira confianza, convicción y un sentido de conexión con algo superior a uno mismo. A través de la fe, las personas buscan significado, propósito y consuelo en su búsqueda de la comprensión de lo divino.

En el centro de la fe se encuentra la creencia inquebrantable en la existencia de una realidad trascendente. Esta creencia proporciona un marco para interpretar los misterios de la vida y del universo, ofreciendo una sensación de estabilidad y tranquilidad frente a la incertidumbre. Además, la fe fomenta una confianza profunda en la benevolencia y la sabiduría de lo divino, alimentando un sentido de esperanza y optimismo incluso en medio de la adversidad.

Además, la fe actúa como catalizador de experiencias espirituales, permitiendo a las personas percibir lo divino en diversas manifestaciones. Ya sea a través de la oración, la meditación, los rituales o la contemplación, la fe actúa como un conducto para establecer una conexión sagrada con lo divino. Empodera a las personas a trascender los límites del mundo material y abrazar la naturaleza inefable de la presencia divina.

En el ámbito de las tradiciones religiosas, la fe impregna todos los aspectos del culto y la devoción. Es la base de los rituales, ceremonias y costumbres que honran a lo divino, infundiéndoles significado y relevancia. La expresión de la fe a través de la oración y las prácticas rituales sirve como medio para expresar reverencia, gratitud y humildad ante lo divino, enriqueciendo el vínculo espiritual entre los individuos y lo trascendente.

Además, la fe genera valores éticos y morales que moldean la manera en que las personas perciben e interactúan con el mundo que las rodea. Infunde virtudes como la compasión, la empatía y el altruismo, que impulsan a las personas a reconocer la esencia divina dentro de sí mismas y de los demás. A través de este reconocimiento, la fe se convierte en una fuerza orientadora para la coexistencia armoniosa y la interconexión, trascendiendo las diferencias y fomentando la unidad.

Además, la fe establece un sentido de pertenencia dentro de las comunidades religiosas, uniendo a las personas en torno a creencias y valores compartidos. Constituye el pilar de la identidad comunitaria, proporcionando un marco colectivo para el crecimiento espiritual, el apoyo y el estímulo mutuo. Las experiencias compartidas y las expresiones comunitarias de fe fortalecen el tejido de las comunidades religiosas, creando un sentido de solidaridad y propósito.

Ciencia y espiritualidad - uniendo mundos:

Aunque a menudo se considera que la ciencia y la espiritualidad son dominios separados, cada vez se reconocen más como aspectos interconectados de la comprensión y la experiencia humanas. El puente entre estos mundos es un tema de gran interés, ya que encierra el potencial de revelar conocimientos más profundos sobre la naturaleza de la realidad y la existencia.

Un área clave de exploración se encuentra en la intersección de la física cuántica y las enseñanzas espirituales antiguas. La mecánica cuántica ha proporcionado una nueva perspectiva a través de la cual observar el universo, desafiando los paradigmas científicos tradicionales e invitando a la contemplación de conceptos espirituales como la conciencia y la interconexión. Los paralelismos entre el entrelazamiento cuántico y la interconexión propugnada en diversas tradiciones espirituales presentan una interesante vía para el diálogo y la exploración.

Además, la neurociencia ha profundizado en el estudio de la meditación, la atención plena y los estados alterados de conciencia, arrojando luz sobre los efectos fisiológicos y psicológicos de las prácticas espirituales. Los hallazgos neurocientíficos relacionados con los beneficios de la meditación no solo ofrecen una validación empírica de las técnicas espirituales milenarias, sino que también estimulan los debates sobre la maleabilidad de la percepción y la naturaleza de la experiencia subjetiva.

Otro punto de convergencia convincente es el creciente énfasis en la salud y el bienestar holísticos, en el que tanto las perspectivas científicas como las espirituales reconocen la interconexión entre la mente, el cuerpo y el espíritu. Este enfoque integrador reconoce la influencia del bienestar mental y emocional en la salud física, en consonancia con las filosofías espirituales que enfatizan la armonía y el equilibrio dentro de uno mismo y con el mundo exterior.

El diálogo entre ciencia y espiritualidad también se extiende al ámbito de la ética y la moral. Mientras que la ciencia proporciona datos empíricos y razonamientos para fundamentar los marcos éticos, la espiritualidad ofrece perspectivas sobre la compasión, la empatía y la interconexión, que pueden enriquecer el discurso ético y la toma de decisiones. Al explorar esta convergencia, se hace evidente la importancia de los valores interconectados en diversas tradiciones culturales y espirituales, lo que facilita una perspectiva ética más inclusiva y completa.

Capítulo XXVII
LA MENTE

Percepción e ilusión:

Cuando nos enfrentamos a la existencia, resulta evidente que nuestras percepciones a menudo moldean nuestra realidad, lo que hace que se desdibujen los límites entre lo que es real y lo que es meramente una construcción mental. El Bhagavad Gita ofrece perspectivas sobre esta interacción, instando a los buscadores a examinar sus percepciones y discernir la naturaleza ilusoria de muchos fenómenos. En esencia, enfatiza la necesidad de ir más allá de las apariencias superficiales y ahondar en las verdades más profundas que sustentan la existencia. Al hacerlo, las personas pueden desentrañar los velos de la ilusión que nublan su comprensión y obstaculizan su progreso espiritual.

Además, el texto ilumina la naturaleza multifacética de la ilusión, reconociendo que la mente posee la notable capacidad de tejer redes de engaño. Esta perspectiva invita a la introspección sobre el funcionamiento de la mente, desafiándonos a enfrentar nuestros prejuicios, preconcepciones y apegos que contribuyen a la creación de construcciones ilusorias. A través de este viaje introspectivo, los practicantes pueden comenzar a discernir la naturaleza transitoria e impermanente de muchos fenómenos mundanos, cultivando una mayor conciencia de la naturaleza efímera de la existencia material.

Además, el concepto de maya, central en las enseñanzas del Bhagavad Gita, subraya la naturaleza ilusoria del mundo fenoménico. Advierte contra el atractivo seductor de las experiencias sensoriales y las posesiones materiales, haciendo hincapié en la impermanencia de esos placeres fugaces. Al reconocer estas ilusiones y su naturaleza transitoria, las personas pueden reorientar su atención hacia los aspectos eternos y trascendentales de la realidad, desprendiéndose de los enredos del mundo material.

Disciplinas Mentales:

El dominio de las disciplinas mentales es esencial en el camino espiritual. Cultivar una mente tranquila y estable sienta las bases para el crecimiento espiritual y la autorrealización. A lo largo de la historia, los sabios y filósofos han hecho hincapié en la importancia de la disciplina mental para alcanzar la paz interior y una conciencia superior. El Bhagavad Gita expone la importancia de controlar y calmar la mente para alcanzar la liberación de los ciclos de nacimiento y muerte.

Una técnica fundamental para controlar la mente es la práctica de la atención plena, que consiste en prestar atención deliberada al momento presente sin juzgar. Al cultivar una conciencia no reactiva de los pensamientos y sentimientos, las personas pueden comprender mejor la naturaleza de sus mentes y desarrollar una mayor resiliencia emocional. Esta práctica permite a los practicantes liberarse de los patrones habituales de reactividad y reducir el estrés y la ansiedad. La meditación de atención plena regular fortalece la concentración y la atención, y proporciona a las personas las herramientas para afrontar los desafíos de la vida diaria con ecuanimidad.

Otro método fundamental para calmar la mente es el control de la respiración, conocido como pranayama. Esta antigua práctica yóguica implica regular la respiración para armonizar el cuerpo y la mente. Al ajustar conscientemente la respiración, las personas pueden lograr una sensación de tranquilidad y equilibrio. Las técnicas de pranayama no solo mejoran el flujo de oxígeno y la energía vital, sino que también aquietan las fluctuaciones de la mente, preparándola para estados más profundos de meditación y contemplación.

Además, el cultivo de cualidades mentales positivas como la paciencia, la compasión y la ecuanimidad es parte integral de la disciplina mental. Practicar la gratitud, el perdón y el altruismo fomenta un estado mental elevado, promoviendo la armonía y el equilibrio dentro de uno mismo y en relación con los demás. Además, incorporar ejercicio físico regular y una dieta equilibrada favorece la salud mental y la estabilidad general, contribuyendo a una mente disciplinada y centrada.

Reconocer la naturaleza impermanente de los fenómenos mundanos y abstenerse del apego es otro aspecto crucial de la disciplina mental. Mediante esta comprensión, las personas pueden liberarse de las garras de los deseos y las aversiones que perturban la mente, allanando el camino hacia la tranquilidad y el progreso espiritual.

En definitiva, dominar las disciplinas mentales requiere un esfuerzo constante y dedicación. Es un proceso gradual de transformación que produce beneficios, ya que conduce a una percepción más clara de la realidad y a una conexión más profunda con lo divino. Al perfeccionar estas técnicas, las personas pueden cultivar la paz interior, una mayor conciencia y una determinación espiritual inquebrantable, lo que les permite emprender el camino espiritual con confianza y propósito.

Autoconciencia:

La autoconciencia implica la exploración y el reconocimiento conscientes de los propios pensamientos, emociones y los patrones subyacentes que dan forma a nuestras percepciones y comportamientos. A través de la autoconciencia, las personas obtienen una visión de sus motivaciones, miedos, deseos e inseguridades más profundas, lo que conduce a una comprensión de las complejidades que definen la psique humana. La autoconciencia permite a las personas observar sus paisajes mentales con claridad y objetividad, lo que facilita la identificación de limitaciones y obstáculos autoimpuestos en el camino hacia el crecimiento espiritual. Además, este mayor sentido de autoconciencia fomenta el desarrollo de la empatía, la compasión y el discernimiento, lo que permite a las personas relacionarse consigo mismas y con los demás de una manera más armoniosa y perspicaz. Además, a medida que las personas cultivan la autoconciencia, se sintonizan con la interconexión de su mundo interior con la conciencia universal mayor, reconociendo la interacción sutil entre la mente individual y la colectiva. Esta constatación produce un cambio de perspectiva, animándonos a alinear nuestros pensamientos y acciones con los principios superiores que gobiernan la existencia, contribuyendo así a la evolución de la humanidad en su conjunto.

Superando el ego:

El ego, o el sentido de identidad individual y de importancia personal, puede conducir a una multitud de desafíos en el camino espiritual. Tiende a crear barreras entre las personas, fomentando la separación, el conflicto y el apego a los deseos materiales. Superar el ego implica trascender estas limitaciones autoimpuestas y cultivar una mentalidad de interconexión y humildad. Al reconocer que el ego es una construcción de la mente y no la verdadera esencia del yo, las personas pueden comenzar a desmantelar su influencia. Este proceso requiere introspección e introspección para descubrir las capas de condicionamiento e influencias sociales que han moldeado el ego a lo largo del tiempo. A través de prácticas como la atención plena y la meditación, las personas pueden observar el funcionamiento del ego sin juzgar, disminuyendo gradualmente su control. Además, desarrollar compasión y empatía hacia los demás puede contrarrestar las tendencias del ego hacia el egocentrismo. Es esencial cambiar el enfoque del yo individual al bienestar colectivo, aflojando así el control de las conductas impulsadas por el ego. Adoptar un sentido de interconexión con todos los seres vivos fomenta una mentalidad de unidad y cooperación, erosionando la naturaleza divisiva del ego. Además, cultivar virtudes espirituales como la humildad, la gratitud y la entrega puede ayudar a trascender el ego. Estas cualidades permiten a las personas renunciar a la necesidad de control y validación, fomentando una conexión más profunda con la conciencia universal. En última instancia, superar el ego es un proceso transformador que conduce a la libertad interior y la liberación espiritual.

Pensamientos positivos:

La mente, sede de nuestros pensamientos y emociones, desempeña un papel fundamental en la configuración de nuestro paisaje interior y nuestro bienestar general. Si dirigimos conscientemente nuestros pensamientos hacia la positividad, podemos crear una base para la tranquilidad mental y la resiliencia emocional. El pensamiento positivo implica centrarse en pensamientos esperanzadores, constructivos y optimistas, que tienen el poder de contrarrestar la negatividad y cultivar la paz interior.

En la búsqueda de cultivar pensamientos positivos, es esencial reconocer el impacto de nuestro diálogo interno. Nuestro diálogo interno influye significativamente en nuestro estado mental y nuestra perspectiva de la vida. Al practicar la conciencia plena de nuestros patrones de pensamiento, podemos identificar tendencias negativas y reemplazarlas con creencias afirmativas y edificantes. Esta práctica requiere paciencia y dedicación, pero produce beneficios al fomentar una mentalidad positiva.

Además, cultivar pensamientos positivos implica cultivar la gratitud y el aprecio por las bendiciones de la vida. La gratitud actúa como una fuerza transformadora que desplaza nuestro foco de atención de la escasez a la abundancia, fomentando así la satisfacción y la alegría interior. Reconocer y expresar gratitud con regularidad por los placeres sencillos y las conexiones significativas de nuestra vida amplifica nuestra sensación general de bienestar.

Otro aspecto crucial del cultivo de pensamientos positivos es la participación en actividades y actividades que nos aporten alegría y satisfacción. Participar en pasatiempos, proyectos creativos o actos de bondad eleva el espíritu e infunde positividad en nuestra mente. Estas actividades actúan como catalizadores para generar una reserva de emociones y pensamientos positivos que contribuyen al equilibrio mental.

Además, la práctica de la atención plena y la meditación desempeñan un papel importante en el fomento de pensamientos positivos. Al observar nuestros pensamientos sin juzgarlos y volver a centrarnos en el momento presente, podemos liberarnos de la rumia sobre las experiencias negativas y abrazar un estado de claridad mental y paz. A través de la práctica constante, podemos reconfigurar nuestras vías neuronales, promoviendo una disposición mental más positiva y tranquila.

Equilibrar la emoción y el intelecto:

Las emociones, que a menudo se perciben como la fuerza impulsora de nuestras acciones, pueden en ocasiones nublar el juicio racional y conducir a resultados indeseables. Asimismo, un énfasis excesivo en el razonamiento intelectual puede sofocar la expresión emocional y obstaculizar la conexión genuina con los demás. Para lograr la armonía, uno debe reconocer la interacción intrínseca entre estos dos aspectos de la psique. Adoptar la inteligencia emocional implica reconocer, comprender y gestionar las propias emociones, así como empatizar con las emociones de los demás. Cultivar la empatía fomenta las interacciones compasivas, nutre la interconexión y fomenta un sentido de unidad. Al mismo tiempo, la integración del intelecto permite el análisis crítico, el razonamiento lógico y la toma de decisiones acertadas. Al fusionar la conciencia emocional con la perspicacia intelectual, las personas están mejor preparadas para afrontar los desafíos de la vida con resiliencia y perspicacia. El Bhagavad Gita aclara la importancia de equilibrar la emoción y el intelecto al retratar al Señor Krishna como el epítome de la inteligencia emocional y el discernimiento intelectual. Su guía a Arjuna refleja un enfoque armonizado de la toma de decisiones y la acción, en el que la sensibilidad emocional se unifica con un pensamiento claro y racional. A través de la práctica de la atención plena y la autorreflexión, las personas pueden cultivar una comprensión más profunda de sus tendencias emocionales e intelectuales, allanando así el camino para procesos de pensamiento armoniosos. Esta integración equilibrada permite a las personas responder reflexivamente a las circunstancias de la vida, trascendiendo las reacciones impulsivas y los juicios miopes. Además, lograr el equilibrio entre la emoción y el intelecto fomenta una sensación de paz mental, lo que permite una mayor claridad y concentración durante las búsquedas espirituales. A medida que los practicantes se esfuerzan por armonizar sus procesos de pensamiento, desbloquean el potencial transformador de alinear sus facultades internas, despertando un sentido de interconexión con el mundo y la conciencia universal. En última instancia, la armonización de la emoción y el intelecto actúa como una puerta de entrada al crecimiento espiritual, conduciendo a las personas hacia un estado de coherencia interna y alineación con las verdades superiores de la existencia.

La mente iluminada:

La culminación del viaje espiritual es la consecución de una mente iluminada, caracterizada por el dominio de los propios pensamientos y emociones, y una sensación de claridad espiritual. A medida que recorremos el camino de la autorrealización, nos enfrentamos a la dualidad inherente de la conciencia humana: la interacción entre la emoción y el intelecto. Lograr la armonía entre estas dos facetas de nuestro ser es esencial para el surgimiento de una mente iluminada. La mente iluminada se caracteriza por una sensación inquebrantable de calma y ecuanimidad frente a los innumerables desafíos de la vida. Trasciende las emociones fugaces y los impulsos momentáneos, encontrando fuerza en la paz interior y la astucia. A través de la práctica disciplinada y la introspección, las personas pueden cultivar la fortaleza mental necesaria para afrontar las complejidades de la existencia con gracia y perspicacia. La claridad espiritual surge como un faro que guía a la mente iluminada hacia verdades superiores y la comprensión universal. Tal claridad permite a las personas percibir la interconexión de todos los fenómenos, trascendiendo los límites del ego y el individualismo. La mente despierta reconoce la naturaleza ilusoria del ego y abraza un sentido de unidad con el cosmos. A través de esta unión, la claridad espiritual fomenta un profundo sentido de propósito y dirección, alineando las aspiraciones personales con el orden cósmico mayor. Alcanzar una mente iluminada exige un compromiso inquebrantable con la autorreflexión y la exploración interior, lo que permite a las personas trascender las limitaciones impuestas por el condicionamiento social y las percepciones falsas. Al ahondar en las profundidades de la conciencia, uno obtiene una visión de la naturaleza transitoria del mundo material y la esencia del reino espiritual. Este cambio de perspectiva genera una sensación de liberación e interconexión con lo divino. La búsqueda de una mente iluminada no está exenta de pruebas, pero a través de la práctica diligente y la dedicación inquebrantable, las personas pueden transformar su paisaje cognitivo, fomentando una conciencia que se extiende más allá de los confines de las preocupaciones mundanas. En resumen, la mente iluminada representa la apoteosis del espíritu humano: una encarnación de la sabiduría, la compasión y la trascendencia. Mediante la armonización de la emoción y el intelecto, junto con el cultivo de la claridad espiritual, las personas abren las puertas de la autorrealización y la interconexión universal. Es en el crisol de la mente iluminada donde convergen la verdadera maestría y la claridad espiritual, iluminando el camino hacia la liberación absoluta y la iluminación ilimitada.

Capítulo XXVIII
SERVICIO A LO DIVINO

Introducción a Seva:

El seva, o servicio desinteresado, tiene un papel primordial en el viaje espiritual, trascendiendo las fronteras culturales y religiosas para personificar la esencia universal de la compasión y el altruismo. El concepto de seva, que tiene sus raíces en la antigua sabiduría del Bhagavad Gita y en numerosos textos sagrados, encarna la filosofía de la entrega del ego y de los deseos personales en aras del bienestar de los demás y del bien mayor de la humanidad. Subraya la comprensión de que la verdadera realización no se deriva de las actividades egoístas, sino de los actos de bondad, generosidad y servicio a los necesitados. Con énfasis en la humildad, la empatía y la interconexión, el seva impulsa a las personas hacia un estado elevado de conciencia y un sentido de propósito despierto. Como se explica en el Gita, el espíritu del seva está profundamente entrelazado con el desarrollo de virtudes como el amor, la compasión y el altruismo, fomentando una transformación dentro del practicante. Un aspecto integral del seva es su potencial para provocar un cambio de percepción, reorientando a las personas hacia una perspectiva más amplia e inclusiva de la vida. Al participar en actos desinteresados sin ninguna expectativa de beneficio personal, los practicantes de Seva cultivan una mentalidad que prioriza el bienestar colectivo sobre los intereses individuales. Este cambio fundamental de perspectiva no solo fomenta una conexión más profunda con los demás, sino que también mejora el crecimiento espiritual al disolver las barreras del ego y el egocentrismo. Además, el acto de servir sin apego a los resultados cultiva un estado de satisfacción interior y liberación del ciclo de acciones impulsadas por el deseo, alineándose así con las enseñanzas fundamentales del Bhagavad Gita sobre la renuncia a los frutos del propio trabajo. Un aspecto central de los fundamentos filosóficos del Seva es la noción de unidad e interconexión, donde cada ser es considerado como una encarnación de lo divino, merecedor de respeto, cuidado y apoyo. Este reconocimiento de la presencia divina en todos los seres genera un sentido de reverencia y responsabilidad hacia el servicio a los demás, lo que conduce a la elevación tanto del donante como del receptor. En última instancia, la práctica de Seva se convierte en una puerta de entrada para encarnar los principios fundamentales de la devoción espiritual y la autotrascendencia, facilitando una integración armoniosa del crecimiento individual con la evolución colectiva de la humanidad.

La filosofía de la entrega y su significado en el Bhagavad Gita:

En el Bhagavad Gita, el concepto de rendición explica el camino hacia la liberación espiritual. La rendición, conocida como "prapatti" o "sharanagati", es un principio fundamental que significa entregarse por completo a la voluntad divina. Implica renunciar al control del ego y abrazar un estado de humildad y aceptación. A través de la rendición, uno reconoce las limitaciones de la agencia individual y reconoce la omnipotencia de la voluntad cósmica. Esta filosofía se alinea con el tema general de la abnegación y el desapego propugnado en el Bhagavad Gita.

El Bhagavad Gita enfatiza la importancia de la entrega como un medio para trascender el ciclo de nacimiento y muerte, alcanzar la armonía interior y, en última instancia, realizar la unidad del ser con la conciencia suprema. El Señor Krishna, en sus enseñanzas a Arjuna, expone la idea de la entrega como una puerta hacia la liberación, enfatizando la necesidad de ofrecer las acciones, pensamientos y emociones de uno a lo divino sin apego a los frutos de estas acciones. Esta noción subraya el principio del 'Karma Yoga' -el camino de la acción desinteresada- y subraya el poder transformador de la entrega para purificar la mente y elevar la conciencia.

Además, la filosofía de la rendición implica una confianza implícita en el orden divino, reconociendo que todos los acontecimientos se desarrollan de acuerdo con un plan cósmico superior. Invita a las personas a cultivar una fe inquebrantable en la sabiduría divina y a liberarse de la carga de la ansiedad y el control. Al entregarse a lo divino, uno entrega los resultados de sus esfuerzos, reconociendo que todos los resultados están regidos por leyes universales que van más allá de la comprensión humana.

La entrega también implica un cambio interno de conciencia: una renuncia a la insistencia del ego en los deseos y preferencias personales. Fomenta una actitud de servidumbre, en la que uno actúa como un instrumento de la voluntad divina, ofreciendo sus habilidades y esfuerzos para el mejoramiento de la humanidad sin albergar motivos egoístas. Este principio resuena con el concepto multifacético de "Seva" o servicio desinteresado, que enfatiza la naturaleza altruista de la entrega en el contexto de la responsabilidad social y el bienestar comunitario.

Además, el Bhagavad Gita ilumina el impacto transformador de la entrega en la evolución espiritual del individuo, haciendo hincapié en que a través de la disolución del ego, uno trasciende las ilusiones de separación y se fusiona con la conciencia universal. Esta unión, caracterizada por una devoción y una entrega inquebrantables, conduce a la realización de la verdad eterna y a la experiencia del amor y la compasión ilimitados.

Yoga Karma:

En el Bhagavad Gita, el Señor Krishna expone el concepto de Karma Yoga como una práctica transformadora que permite a las personas purificar sus acciones mediante el servicio desinteresado. El Karma Yoga, a menudo denominado el yoga de la acción desinteresada, enfatiza la importancia de cumplir con los deberes propios sin apegarse a los resultados. Este enfoque desinteresado de la acción es fundamental para el camino del desarrollo espiritual y la autorrealización. Al participar en acciones sin estar motivados por deseos o resultados personales, las personas pueden trascender su ego y cultivar un sentido de desapego del mundo material. A través de este proceso, las personas desarrollan una comprensión de la interconexión de todos los seres y la unidad subyacente de la creación.

La práctica del Karma Yoga anima a las personas a ofrecer sus habilidades, talentos y recursos para el bien común sin buscar el beneficio personal. Promueve un espíritu de altruismo y servicio, que contribuye al bienestar de la sociedad en su conjunto. Al dedicar sus acciones al servicio de los demás, los practicantes de Karma Yoga se alinean con el propósito divino y contribuyen a la armonía y la elevación del mundo. Esta actitud desinteresada no solo fomenta el crecimiento y la plenitud interior, sino que también fomenta un sentido más profundo de empatía y compasión hacia los demás.

Además, el Karma Yoga es un medio para purificar la mente y refinar el carácter. Al realizar acciones con un espíritu de altruismo, las personas cultivan virtudes como la humildad, la paciencia y la resiliencia. Aprenden a superar las inclinaciones egoístas del ego y desarrollan una mentalidad de servicio y sacrificio. A través de la práctica constante, las personas elevan gradualmente su conciencia y alcanzan un estado de conciencia superior, trascendiendo las limitaciones de la identidad individual. Esta purificación de la mente y el corazón conduce a la paz interior, la claridad y la armonía, lo que permite a las personas afrontar las complejidades de la vida con ecuanimidad y gracia.

Además, el Karma Yoga ofrece un marco para integrar la espiritualidad en la vida cotidiana. Anima a las personas a considerar su trabajo y sus responsabilidades como ofrendas a lo divino, infundiendo así sacralidad y significado incluso a las tareas más mundanas. Esta perspectiva desplaza el foco de atención de la ambición personal al bienestar más amplio de la humanidad, fomentando un sentido de propósito y significado en todas las acciones. Como resultado, las personas pueden experimentar una sensación de satisfacción y alegría al contribuir al bienestar colectivo, reconociendo que sus acciones son parte de una sinfonía cósmica más grande orquestada por lo divino.

El papel de la intención:

La intención es la fuerza impulsora de todas las acciones, que determina los resultados y el impacto de nuestros esfuerzos. En el Bhagavad Gita, la intención desempeña un papel fundamental en el viaje espiritual, ya que determina la alineación de los objetivos personales con la voluntad divina. Cuando las intenciones de uno son puras y desinteresadas, las acciones que se llevan a cabo reflejan la armonía del universo, lo que conduce a la realización y la elevación espiritual. Comprender la naturaleza de la intención requiere una profunda introspección de los motivos que impulsan nuestras elecciones y comportamientos. Requiere una conciencia de la interconexión de todos los seres vivos y de cómo nuestras intenciones pueden contribuir al bien mayor o perpetuar la desarmonía. Alinear los objetivos personales con la voluntad divina implica renunciar al ego y reconocer el orden universal, reconociendo que nuestros deseos deben estar en armonía con el propósito cósmico. Esta alineación no implica abandonar las aspiraciones personales, sino canalizarlas hacia el servicio desinteresado y el mejoramiento de la humanidad. Además, la intención debe surgir de un lugar de compasión, empatía y amor incondicional, desprovisto de cualquier expectativa de ganancia o reconocimiento personal. El Bhagavad Gita enfatiza que la verdadera intención no se centra únicamente en los resultados de las acciones, sino más bien en dedicar todos los esfuerzos a Ananta, la verdad eterna. Al alinear nuestras intenciones con la voluntad divina, nos abrimos a un camino de propósito y significado superiores. Este proceso implica cultivar la atención plena y el discernimiento para asegurar que nuestras acciones estén en consonancia con el dharma y la rectitud. Permite a las personas trascender las limitaciones del ego y conectarse con su esencia espiritual más íntima, logrando así un sentido de unidad con lo divino. Como tal, el papel de la intención se extiende más allá del mero establecimiento de objetivos; abarca una comprensión de la naturaleza interconectada de la existencia y la responsabilidad que conlleva.

Propósito de identificación:

En el Bhagavad Gita, el dilema de Arjuna y la conversación posterior con el Señor Krishna enfatizan la importancia de identificar el camino único que cada uno debe seguir para contribuir. Como individuos, a menudo nos enfrentamos a la pregunta de cuál es la mejor manera de servir a los demás y contribuir significativamente al mundo. Esta tarea requiere una exploración profunda de nuestras fortalezas, pasiones y valores. Al comprender estos aspectos fundamentales de nosotros mismos, podemos embarcarnos en un viaje para identificar nuestro propósito y generar un impacto positivo en las vidas de quienes nos rodean.

Para comenzar este proceso introspectivo, es imprescindible reflexionar sobre nuestras capacidades e inclinaciones personales. ¿Cuáles son las habilidades y talentos que nos resultan naturales? ¿Qué actividades nos brindan alegría y satisfacción? Estas preguntas pueden guiarnos para reconocer las áreas en las que podemos destacar y contribuir de manera significativa. Además, profundizar en nuestros valores y creencias nos permite alinear nuestras contribuciones con nuestra brújula ética y moral, asegurando que nuestras acciones estén arraigadas en la rectitud.

Además, tener en cuenta las necesidades de la sociedad y del mundo en general puede ofrecernos una valiosa perspectiva sobre dónde podrían resultar más beneficiosos nuestros esfuerzos. A través de la concienciación y la empatía, podemos identificar las áreas que requieren atención y trabajar para abordar los desafíos sociales. Ya sea abordando las preocupaciones ambientales, abogando por la justicia social o ayudando a las comunidades marginadas, comprender las necesidades del mundo nos permite dirigir nuestros esfuerzos de manera eficaz.

Otro aspecto crucial de la identificación del propósito radica en reconocer nuestra interconexión con todos los seres. Reconocer que cada individuo es parte de un entramado más amplio de existencia fomenta un sentido de responsabilidad hacia el bienestar de los demás. Esta interconexión también subraya la importancia de la compasión y la empatía, cualidades esenciales para definir nuestro propósito de servicio. Aceptar la naturaleza interconectada de la vida puede inspirarnos a servir desinteresadamente y con un interés genuino por el bienestar de los demás.

Sacrificio, humildad y generosidad:

El Bhagavad Gita ensalza las virtudes del sacrificio, la humildad y la generosidad como cualidades esenciales en el camino espiritual. Incorporar el sacrificio a la vida diaria no es sólo un acto singular sino una forma de vida. Implica priorizar las necesidades de los demás por encima de las propias, ofrecer desinteresadamente sin esperar recompensa o reconocimiento. Aceptar la humildad permite a las personas cultivar una mentalidad de servicio, reconociendo que todas las acciones son en última instancia ofrendas a lo divino. Alienta a uno a renunciar al ego, fomentando una actitud de gratitud y gracia hacia la interconexión de toda la vida. La generosidad, tanto en la riqueza material como en la sabiduría espiritual, refleja un enfoque de la vida de corazón abierto. Implica compartir recursos, tiempo y conocimiento con un espíritu de abundancia, reconociendo que la verdadera riqueza radica en dar en lugar de acumular. En el Bhagavad Gita, el Señor Krishna enfatiza la importancia de estas virtudes para purificar el alma y alcanzar una conciencia superior. El concepto de sacrificio se extiende más allá de las ofrendas materiales, abarcando la voluntad de renunciar a los deseos y apegos personales. Exige la renuncia a los motivos egoístas e insta a las personas a alinear sus acciones con el bien mayor. Este proceso de sacrificio desinteresado fomenta la transformación interior, lo que conduce a un sentido más profundo de propósito y realización. Abrazar la humildad eleva al individuo más allá de los confines del ego, fomentando la compasión, la tolerancia y la empatía. Redirecciona la atención de las preocupaciones egocéntricas al bienestar de los demás, creando espacio para una conexión y armonía genuinas. La generosidad, ya sea a través de actos de caridad, bondad o mentoría, fomenta una cultura de abundancia y reciprocidad. Permite a las personas conectarse con el flujo universal de dar y recibir, reconociendo la red interconectada de la existencia. Practicar estas virtudes en la vida cotidiana sirve para elevar la conciencia, disolver las barreras de separación y nutrir un sentido de unidad con todos los seres. Fomenta un compromiso sincero con el servicio y la elevación, encarnando la sabiduría del Bhagavad Gita en la vida contemporánea. Al incorporar el sacrificio, la humildad y la generosidad a la vida diaria, las personas se alinean con los principios universales del dharma y la acción desinteresada, sentando las bases para una existencia significativa y con propósito.

Camino a la felicidad:

Vivir una vida de servicio, dedicada a mejorar a los demás y al mundo en general, es un viaje transformador. En el Bhagavad Gita, el Señor Krishna expone la noción de encontrar la plenitud máxima a través de la acción desinteresada, enfatizando que la verdadera felicidad radica en el bienestar de los demás. Cultivar una mentalidad de servicio no solo trae alegría y satisfacción, sino que también alinea a las personas con su propósito espiritual. Cuando las personas participan en actos de bondad y compasión, se conectan con un sentido más profundo de plenitud que trasciende los deseos personales y eleva el bienestar de todos los seres.

El camino hacia la felicidad a través del servicio abarca la encarnación del amor, la empatía y el altruismo. Al servir desinteresadamente a los demás, se adquiere una comprensión de la interconexión y la unidad, reconociendo que cada acto de servicio repercute en la conciencia colectiva y genera un cambio positivo en el mundo. Esta comprensión fomenta un sentido de propósito y satisfacción que enriquece la experiencia humana. Al dedicarse a apoyar y elevar a los demás, las personas acceden a una fuente abundante de alegría y satisfacción que supera con creces el placer transitorio de las posesiones materiales o las actividades egocéntricas.

Además, el acto de servicio se extiende más allá del beneficio inmediato a los demás y ayuda a la evolución de la propia conciencia del individuo. La práctica del servicio desinteresado cultiva de forma natural virtudes como la humildad, la paciencia y la resiliencia, fomentando el crecimiento personal y el desarrollo espiritual. Cada interacción se convierte en una oportunidad de superación personal y transformación interior, que conduce a una vida caracterizada por la paz, la armonía y un profundo sentido de realización. Cuando uno abraza el espíritu del servicio, alinea sus acciones con el ritmo del universo, contribuyendo positivamente al orden cósmico y mejorando el bienestar colectivo.

Además, el camino hacia la felicidad a través del servicio brinda a las personas la oportunidad de crear un impacto y un legado duraderos que trasciendan el tiempo. Al participar en actos de bondad y generosidad, las personas plantan las semillas de la compasión y la positividad, sembrando las bases para un mundo más compasivo y armonioso para las generaciones futuras. Este legado de servicio se convierte en un faro de esperanza e inspiración, que subraya la importancia de una vida dedicada al bienestar de los demás.

Capítulo XXIX
50 CITAS CLAVE DE VYASA

1.
"La felicidad que proviene de una larga práctica, que conduce al fin del sufrimiento, que al principio es como veneno, pero al final como néctar; este tipo de felicidad surge de la serenidad de la propia mente".

2.
"Quien experimenta la unidad de la vida ve su propio Ser en todos los seres, y a todos los seres en su propio Ser, y mira todo con un ojo imparcial".

3.
"Vemos lo que somos y somos lo que vemos".

4.
"Nunca nos encontramos realmente con el mundo; todo lo que experimentamos es nuestro propio sistema nervioso".

5.
"Es la Naturaleza la que causa todo movimiento".

6.
"¡Oh Krishna! La mente está inquieta".

7.
"La acción egoísta encarcela al mundo. Actúa desinteresadamente, sin pensar en ningún beneficio personal".

8.
"El verdadero objetivo de la acción es el conocimiento del Ser".

9.
"Cuando una persona responde a las alegrías y las tristezas de los demás como si fueran suyas, ha alcanzado el estado más elevado de unión espiritual".

10.
"Remodela tu ser mediante el poder de tu voluntad".

11.
"Para salvar la familia, abandona a un hombre; para salvar el pueblo, abandona a una familia; para salvar el país, abandona un pueblo; para salvar el alma, abandona la tierra".

12.
"La lujuria, la ira y la avaricia son las tres puertas del infierno".

13.
"Los sabios unifican su conciencia y abandonan el apego a los frutos de la acción".

14.
"Si se deja a su aire, la mente sigue repitiendo los mismos patrones habituales de personalidad".

15.
"Los inmaduros piensan que el conocimiento y la acción son diferentes, pero los sabios los ven como lo mismo".

16.
"El placer de los sentidos parece néctar al principio, pero al final es amargo como el veneno".

17.
"Tenedme siempre presente, adoradme, haced de cada acto una ofrenda para mí, y vendréis a mí; esto os prometo, porque sois queridos para mí".

18.
"La muerte no es más traumática que quitarse un abrigo viejo".

19.
"Todo lo que somos es el resultado de lo que hemos pensado".

20.
"Si todo en este mundo es temporal, ¿por qué te lamentas por lo que se pierde?"

21.
"Viven en sabiduría quienes se ven a sí mismos en todo y todo en ellos, quienes han renunciado a todo deseo egoísta y ansia sensorial que atormenta el corazón".

22.
"El Ser en cada persona no es diferente de la Divinidad".

23.
"Donde hay Uno, ese Uno soy yo; donde hay muchos, todos somos yo; en todas partes ven mi rostro".

24.
"Las acciones no se adhieren a mí porque no estoy apegado a sus resultados".

25.
"Renuncia al egoísmo en pensamiento, palabra y acción".

26.
"Esto no significa, sin embargo, que el mundo fenoménico sea una ilusión o irreal. La ilusión es la sensación de separación".

27.
"¿Cómo puedes amar verdaderamente a quien estás contigo si no puedes olvidar a quien se escapó?"

28.
"Su juicio será mejor y su visión clara si no está enredado emocionalmente en el resultado de lo que hace".

29.
"Las acciones no se adhieren a mí porque no estoy apegado a sus resultados. Quien comprende esto y lo practica vive en libertad".

30.
"Cuando tu mente haya superado la confusión de la dualidad, alcanzarás el estado de santa indiferencia hacia las cosas que oyes y las cosas que has oído".

31.
"Eres lo que crees. Te conviertes en aquello que crees que puedes llegar a ser".

32.
"Si mil soles salieran y brillaran en el cielo del mediodía, su brillo sería como el feroz brillo de ese Ser poderoso".

33.
"Nos pide que renunciemos no al disfrute de la vida, sino al aferrarnos al disfrute egoísta, cueste lo que cueste a los demás".

34.
"Krishna introduce la idea de que no basta con dominar todos los deseos egoístas; también es necesario dominar la posesividad y el egocentrismo".

35.
"Tenemos control sobre nuestro trabajo y nuestras acciones, pero no tenemos control sobre los resultados".

36.
"Incluso el criminal sin corazón, si me ama con todo su corazón, ciertamente se convertirá en santidad a medida que avance hacia mí en este camino".

37.
"Dicen que la vida es un accidente causado por el deseo sexual, que el universo no tiene orden moral, ni verdad, ni Dios".

38.
"La imagen de Dios se encuentra esencial y personalmente en toda la humanidad".

39.
"Deja de hacerlo, hermano. A los grandes hombres nunca les importan las duras palabras pronunciadas por hombres inferiores".

40.
"Quienes no conocen otra lengua que la suya suelen ser muy excluyentes en cuestiones de gustos".

41.
"Todos los días muere gente, pero otros viven como si fueran inmortales".

42.
"Incluso aquel que indaga en la práctica de la meditación se eleva por encima de aquellos que simplemente realizan rituales".

43.
"Por tanto, cada acto o pensamiento tiene consecuencias, que a su vez tendrán consecuencias; la vida es la red más compleja de interconexiones".

44.
"El hombre sabio deja ir todos los resultados, sean buenos o malos, y se concentra únicamente en la acción".

45.
"Mi mente está tan inquieta e inestable que ni siquiera puedo comprender nada sobre este estado".

46.
"Valor, fuerza, fortaleza, habilidad en el uso de las armas, resolución de nunca retirarse de la batalla, generosidad en la caridad y habilidades de liderazgo, éstas son las cualidades naturales del trabajo para los Kshatriyas".

47.
"Tienes derecho a tus acciones, pero nunca a los frutos de tus acciones. Actúa por el bien de las acciones".

48.
"Tierra, agua, fuego, aire, akasha, mente, intelecto y ego: éstas son las ocho divisiones de mi prakriti".

49.
"El hombre es esclavo del dinero, pero el dinero no es esclavo del hombre".

50.
"Cuando la mente corre constantemente tras los sentidos errantes, aleja la sabiduría, como el viento que desvía a un barco de su rumbo".